DÎNER AVEC EDWARD

Isabel Vincent

DÎNER AVEC EDWARD

Histoire d'une amitié inattendue

Traduit de l'anglais (Amérique du Nord)
par Anouk Neuhoff

PRESSES DE LA CITÉ

Titre original : *Dinner With Edward, A Story of an Unexpected Friendship*
L'édition originale de cet ouvrage a paru chez Algonquin Books, Chapel Hill, Caroline du Nord.

Publié avec l'accord d'Algonquin Books of Chapel Hill, un département de Workman Publishing Compagny, Inc., New York

ISBN 978-2-258-14507-8
Dépôt légal : avril 2018

Presses de la Cité | un département **place des éditeurs**

place des éditeurs

Pour Hannah

« Et nous avons dégusté un des meilleurs dîners
que j'aie jamais mangés… mais si nous en avons tous
gardé un souvenir aussi étrangement vif,
c'est sûrement parce que d'autres raisons
le rendaient important. C'est une chose qui arrive
au moins une fois à chaque être humain.
En tout cas, je l'espère. »

M. F. K. FISHER,
Nos belles années d'avant-guerre[1]

---

1. Traduit de l'anglais par Béatrice Vierne, Éditions du Rocher, coll. « Anatolia », Monaco/Paris, 2006.

Dîner de Noël

J'avais appris quelle promesse Edward avait faite à sa femme mourante bien avant de le rencontrer.

Valerie, la fille d'Edward, par ailleurs une de mes plus vieilles amies, m'avait rapporté l'histoire peu après la mort de sa mère. Paula, quatre-vingt-quinze ans sous peu, oscillait entre conscience et inconscience depuis des jours lorsque soudain elle s'était redressée dans son lit pour s'adresser expressément à son mari bien-aimé.

« Écoute-moi, Eddie. » Paula s'exprimait avec fermeté et énergie. « Là, tu ne peux pas venir avec moi. Ce serait la fin de notre petite famille. »

Paula savait qu'Edward avait déjà pris la décision de mourir plutôt que d'affronter la vie sans elle. C'était mal, lui avait-elle dit, l'exhortant à continuer à vivre. Lorsqu'il avait fini par acquiescer, elle avait chanté pour l'homme à qui elle avait été mariée pendant soixante-neuf ans. Une vraie sérénade. Elle avait commencé par « My Funny Valentine » et enchaîné avec des airs de comédies musicales de Broadway et autres ballades à succès des années quarante et cinquante, cette époque où ils étaient jeunes et croyaient encore qu'ils perceraient dans le show-business. Paula chantait d'une voix claire, débarrassée des mucosités qui gargouillaient dans sa poitrine à peine quelques jours avant et l'empêchaient de parler. Elle avait terminé par « All of You », estropiant les paroles au passage : « *I love the north of you, the east, the west, and the south of you, but best of all I love all of you.* »

Elle était morte vingt-quatre heures après. Nous étions en octobre 2009. Accablé par le chagrin durant des jours puis des semaines, Edward avait un mal fou à tenir sa promesse envers Paula. Il se retrouvait seul dans un appartement silencieux, à une table de salle à manger qui avait été le théâtre de tant de dîners animés. Finalement, Edward s'était fait admettre au Lenox Hill Hospital, où il avait subi une batterie d'examens. N'ayant rien décelé d'anormal, les médecins avaient décidé de le renvoyer chez lui le lendemain.

« J'ai l'impression qu'il abandonne », dit Valerie, s'asseyant à côté de moi dans la salle d'attente le 24 décembre. Nous avions prévu de dîner ensemble. Valerie avait proposé un restaurant à deux pas de l'hôpital, où elle passait beaucoup de temps avec son père.

Installées dans un troquet quelconque de la Troisième Avenue, nous avions mangé du bout des dents notre malheureux vivaneau et pleuré toutes les deux. C'était la veille du jour de l'anniversaire de Paula, et Valerie n'avait pas encore surmonté sa disparition. Or voilà maintenant qu'elle se faisait un sang d'encre pour son père, qui semblait ne plus tenir à la vie.

Je n'aurais pas vraiment su dire pourquoi j'avais fondu en larmes quand Valerie m'avait décrit la sérénade de Paula. Je n'avais jamais rencontré Edward et, si émouvante que soit la scène, sans doute constituait-elle aussi pour moi un cruel rappel de ma propre situation assez peu réjouissante. J'avais récemment emménagé à New York pour travailler comme journaliste et devais passer le jour de Noël en reportage. Mon mariage battait de l'aile malgré tous mes efforts pour faire comme si de rien n'était, et je m'inquiétais énormément des conséquences sur ma fille, encore toute jeune. Quand j'avais touché un mot de mes problèmes à mon amie – je ne voulais pas l'embêter avec mes soucis alors que son père était malade –, Valerie avait suggéré que je dîne avec Edward.

« C'est un excellent cuisinier », précisa-t-elle à travers ses larmes, espérant peut-être que ce détail éveillerait mon intérêt et m'inciterait à passer voir son père lorsqu'elle serait rentrée au Canada. Sa sœur Laura, qui était artiste, vivait en Grèce avec son mari.

J'ignore si la perspective d'un bon repas suffit à me tenter, ou si je me sentais tellement seule que même la compagnie d'un nonagénaire déprimé me semblait séduisante. C'est sûrement à la fois par loyauté envers mon amie et par curiosité à l'égard de son père que je me retrouvai deux mois plus tard devant la porte d'Edward. Quelle qu'ait été ma motivation, je n'aurais jamais imaginé que cette rencontre allait changer ma vie.

Pour notre tout premier dîner *à deux**[1], je portais une robe droite en lin noir et des sandales. Je frappai

1. Les mots en italique suivis d'un astérisque sont en français dans le texte original.

doucement puis sonnai et, quelques instants plus tard, la porte s'ouvrit brusquement, laissant apparaître un grand monsieur âgé, ses yeux souriant tandis qu'il me prenait la main et m'embrassait sur les deux joues.

« Ma chérie ! Je vous attendais. »

1

Faux-filet grillé sauce bourguignonne
Pommes de terre nouvelles
Soufflé au chocolat
Malbec

Au début je me présentais invariablement chez Edward avec une bouteille de vin.

« Pas la peine d'apporter quoi que ce soit, mon chou », protestait-il, mais je n'en tenais pas compte, jugeant difficile de débarquer les mains vides.

Et pas la peine de frapper ni de sonner, me répétait Edward, qui savait toujours quand j'arrivais, car le portier, en me voyant passer, le prévenait d'un coup de téléphone. D'autant plus qu'il verrouillait rarement sa porte. N'empêche, peu de temps après notre rencontre, il insista pour que j'aie ma propre clé, au cas où la porte serait bel et bien verrouillée et où l'envie me prendrait de passer pendant qu'il faisait son petit somme du matin ou de l'après-midi sur le canapé. La clé était attachée à un porte-clés en plastique violet à fenêtre transparente, avec EDWARD et son numéro de téléphone inscrits en gros caractères sur l'étiquette blanche. Nous savions l'un et l'autre que je ne me servirais jamais de cette clé pour entrer, mais je l'avais acceptée volontiers – un geste d'amitié, attestant concrètement qu'Edward faisait désormais partie de ma vie.

Chaque fois que j'apportais du vin, Edward notait mon nom sur la bouteille, qu'il rangeait ensuite dans sa cave improvisée à l'intérieur du placard de l'entrée où se trouvaient les manteaux d'hiver. À mon arrivée, il avait déjà choisi ses crus avec soin et conservait mon cadeau en vue d'une association mets-vins appropriée.

Pour un de nos premiers dîners j'avais commis l'erreur d'offrir à Edward des croquettes de morue préparées d'après la recette de ma mère. Je n'aurais jamais dû imaginer qu'il puisse les intégrer à notre repas. Je les lui avais imposées d'office sans l'en avertir. À l'aube de notre amitié, je ne mesurais absolument pas la somme de réflexion et d'effort qu'il consacrait à chaque dîner. J'avais compris mon impair dès que je lui avais tendu mes croquettes enveloppées sans beaucoup de soin dans du papier d'aluminium ; j'avais bien vu que, l'espace d'une seconde, Edward avait été déconcerté. Mais il avait accepté mon offrande de bon cœur, m'invitant à dîner plus tard dans la semaine de sorte que nous puissions les déguster ensemble.

Edward n'était ni un snob ni un insupportable fin gourmet. Il aimait juste faire les choses dans les règles de l'art. Il attachait une grande importance à tout ce qu'il créait – que ce soient les meubles de son salon ou ses écrits. Il avait fabriqué et tapissé lui-même tout le mobilier et rédigeait ses poèmes et ses nouvelles à la main, transcrivant patiemment chaque version sur du papier blanc non ligné jusqu'à ce qu'il juge le résultat assez bon pour être dactylographié par une de ses filles. Il traitait la nourriture avec la même minutie, bien qu'il s'y soit mis plutôt tard dans la vie, à soixante-dix ans passés. « Paula a fait la cuisine pendant cinquante-deux ans, et un jour je lui ai dit simplement qu'elle avait assez bossé, et que c'était mon tour. »

Edward avait appris très jeune à apprécier les mets raffinés. À quatorze ans, après une année scolaire ratée à Nashville, où il vivait, il avait été expédié par ses parents à La Nouvelle-Orléans pour passer l'été chez ses riches oncle et tante. Sa tante Eleanor, professeur de son métier, était bien décidée à lui inculquer la discipline et à le remettre sur les rails. Mais elle était tout aussi décidée à lui enseigner la cuisine française.

« J'ai découvert un monde dont j'ignorais l'existence, m'expliqua-t-il, au souvenir d'un repas chez le légendaire Antoine's en 1934. Je n'oublierai jamais la première fois que j'ai goûté des crabes à carapace molle. Ils étaient frits dans une pâte légère et servis avec du beurre fondu. Absolument délicieux. »

Lorsqu'il s'était mis à cuisiner, il avait emprunté des recettes au menu créole d'Antoine's, mais il prisait aussi des plats plus simples. Il se rappelait encore avoir mangé, enfant, du chou bouilli : « Avec une bonne noix de beurre dessus, c'était un plat paradisiaque ! » Et il puisait l'inspiration partout : son astuce pour les œufs brouillés, il la tenait de saint Jean.

Saint Jean ?

Il était cuisinier dans les trains de l'Amtrak. « Toute sa vie, on l'avait appelé "Boy", me raconta Edward, qui l'avait rencontré lors d'un voyage de dix heures qu'il avait fait jadis avec Paula. Quand l'homme a rejoint l'Église baptiste et qu'une cuisinière du nom de Miss Emma l'a pris sous son aile, il a commencé à se faire appeler saint Jean-Baptiste. »

Saint Jean cuisinait les œufs à merveille. Quand Edward lui demanda le secret de ses œufs brouillés, le chef lui expliqua qu'il ne les préparait jamais tous en même temps. Edward avait communiqué cette astuce à Paula et avait insisté pour me montrer la technique. Il prenait des œufs de ferme, leur jaune d'un orange luisant quand il les cassait dans une jatte, puis il les fouettait avec un peu de lait ou de crème, ajoutant sel et poivre. Il faisait ensuite fondre du beurre doux dans une poêle bien chaude, et y ajoutait la moitié de la préparation au moment où le beurre allait brunir.

« Jamais tout en même temps, répéta Edward. Les œufs, il faut les faire en deux fois. »

Quand la préparation commençait à grésiller, Edward la remuait délicatement avec une cuillère, réduisait le feu, puis ajoutait le reste, cuisant le mélange jaune pâle à l'aspect crémeux et lisse jusqu'à ce que les œufs soient légers, mousseux et entièrement enrobés de beurre.

Les privations qu'avait connues Edward durant son enfance dans le Sud lui avaient appris le système D. Il conservait les herbes fraîches au congélateur dans des sachets hermétiques, et, après avoir découpé en cubes le saindoux qu'il achetait chez son boucher du Queens, il enveloppait les blocs dans du papier paraffiné pour les stocker au réfrigérateur. Edward adorait s'approvisionner dans des épiceries fines comme Citarella et Gourmet Garage, mais il savait aussi se contenter de son supermarché de quartier. Il ne possédait pas de matériel sophistiqué, et les quelques livres de cuisine qu'il détenait, et qu'il n'ouvrait presque jamais, lui avaient été offerts par des amis bien intentionnés.

« Je cuisine, un point c'est tout, ma chérie, me répondit-il quand je lui demandai pourquoi il n'y avait pas recours. Les plats que je fais, je ne les vois jamais comme une recette. Je ne veux pas m'embêter à suivre des recettes. Pour moi, ce n'est pas ça, cuisiner. Ce n'est pas être enchaîné à un bout de papier. » Vieilles mais impeccablement astiquées, ses casseroles et ses poêles étaient accrochées dans sa cuisine à un panneau en aggloméré recouvert de papier d'alu.

Je m'émerveillais de son ingéniosité tout en sachant qu'il n'était pas exempt de certaines coquetteries. Il n'utilisait que du gin Hendrick's dans les martinis ou pour le gravlax, prétendant que le concombre qu'il contenait faisait ressortir toute la saveur du saumon mariné. Pour les martinis, il mélangeait le Hendrick's à du vermouth blanc sec dans un pichet gradué en pyrex, puis mettait le mélange et les verres au freezer jusqu'à l'arrivée de ses invités. Les martinis d'Edward n'étaient remués ni au shaker ni à la cuillère ; il se bornait à verser le gin et le vermouth dans un pichet gradué et à servir le cocktail glacé. Il décorait chaque verre d'une rondelle de concombre également mise au freezer de façon qu'elle soit bien froide et bien croquante.

Chaque fois que sa fille aînée, Laura, chantait les louanges de l'huile d'olive pour la pâte à tarte – elle avait ramené de Grèce certaines bizarreries culinaires quand elle était revenue vivre à New York –, Edward tressaillait. Laura le soupçonnait de donner autour de lui les tartes aux pêches qu'elle lui préparait. « En matière de cuisine et de pâtisserie, il peut être très tatillon », disait-elle.

Mais les faux-filets qu'Edward fit cuire ce soir-là sur un gril en fonte brûlant venaient du rayon boucherie de la supérette. Il les avait mis à mariner dans du vinaigre balsamique et, les ayant saisis à la perfection, il les déposa sur des assiettes préalablement chauffées au four. Le succulent jus de viande se répandit sur la surface de porcelaine blanche, rejoignant le monticule de pommes de terre nouvelles cuites à l'eau dans leur peau puis surmontées d'une noisette de beurre et saupoudrées de persil haché. Après avoir nappé la viande d'une sauce brune veloutée, Edward apporta les assiettes dans la salle à manger.

Le bœuf était idéalement tendre et, à en croire son goût, il aurait pu venir du meilleur boucher de Manhattan et non de chez Gristedes. La sauce était riche et crémeuse. Quand je lui demandai comment il l'avait confectionnée, il se lança dans une grande explication, laquelle l'obligea à effectuer deux voyages à la cuisine pour me montrer la demi-glace servant de base à la quasi-totalité de ses sauces.

« La demi-glace est un long processus », me révéla Edward, sortant de son réfrigérateur un petit récipient en plastique. Il renfermait le fond brun qu'il obtenait en faisant mijoter tout doucement des os de veau rôtis avec des légumes jusqu'à ce que le mélange, réduit aux trois quarts, prenne une consistance épaisse et gélatineuse. À l'instar de nombreux chefs français, Edward utilisait la demi-glace, ou « glace de viande », comme il la nommait, dans l'élaboration des sauces et même pour enrichir les soupes.

« Il n'y a pas de miracle, poursuivit-il, parlant du temps de préparation. Il ne suffit pas de claquer des doigts. Il faut la faire cuire et recuire pendant des jours, c'est comme ça qu'elle devient de plus en plus concentrée. »

J'acquiesçai de la tête et affirmai d'une voix émue que tout était parfaitement délicieux. Je ne cherchais pas à lui faire plaisir, j'étais sincèrement impressionnée. Pour Edward, cuisiner ne visait pas seulement à assouvir la faim. C'était une passion et aussi un art très sérieux, à partager avec de rares privilégiés. Il refusait de confier ses astuces ou de communiquer ses recettes à des gens qui n'avaient, selon lui, aucune inclination pour la cuisine. Tandis qu'il nous servait du malbec, il me parla d'une invitée qui s'était extasiée sur son paillard de poulet.

« Oh, Edward, vous devez absolument me donner la recette ! »

Edward m'avoua qu'il n'avait eu aucune intention de dévoiler les secrets de son poulet paillard à cette béotienne. « La vraie cuisine exige qu'on ait la foi. Et je voyais bien qu'elle ne l'avait pas. »

J'ai appris énormément de choses auprès d'Edward. Il m'a expliqué comment cuire le poulet rôti le plus sublime au monde au moyen d'un sac en papier et d'une poignée d'herbes, à confectionner une pâte feuilletée de rêve (« Du beurre et un peu de saindoux dans le mélange, ma chérie »), et à arroser légèrement les pâtes italiennes de vinaigre balsamique pour que la sauce accroche bien. Et dès le début de notre amitié, j'ai senti d'instinct que ses conseils culinaires allaient bien au-delà de la préparation des plats. Il m'enseignait l'art de la patience, le luxe de savoir procéder doucement et de prendre le temps de réfléchir à tout ce que je faisais.

Quand je lui réclamais un cours de désossement de poulet pour faire une galantine, je savais qu'Edward allait me transmettre des préceptes bien plus fondamentaux que la technique du volailler. Avec le recul, je me rends compte qu'il me forçait à déconstruire ma propre vie, à la décortiquer entièrement et à en examiner les entrailles malgré tout le désordre que pouvait occasionner l'opération.

Edward habitait sur Roosevelt Island un immeuble imposant pourvu de vastes terrasses, de couloirs en béton coulé, d'une piscine encastrée et d'immenses fenêtres panoramiques donnant sur l'East River.

J'avais récemment emménagé dans ce quartier sur l'insistance de mon mari, dans un ultime effort pour sauver notre union. Contrairement à Edward, je ne m'y plaisais pas. Un an avant, nous avions quitté Toronto pour Manhattan avec notre fille encore petite car on m'avait proposé un poste de reporter d'investigation au *New York Post.* Nous habitions à quelques blocs de l'école d'Hannah dans l'Upper East Side, et il ne se passait pas un jour sans que mon mari se plaigne de l'exiguïté de notre logement, de la foule dans le métro, des aires de jeux jonchées de détritus et du stationnement alterné – cette torture bihebdomadaire infligée par la municipalité et que seuls peuvent comprendre les propriétaires de véhicules new-yorkais.

Posséder une voiture ici est un véritable cauchemar logistique. Si on la laisse dans la rue, comme nombre de New-Yorkais qui ne peuvent pas dépenser au minimum quatre cents dollars mensuels en garage, on est obligé de la déplacer deux fois par semaine pour permettre aux services de nettoyage d'officier. Les places de stationnement étant rarissimes, la plupart des conducteurs se mettent en double file de l'autre côté de la rue pendant l'heure et demie qu'il faut aux engins pour accomplir leur travail. À la suite de quoi ils réintègrent au plus vite leur ancien emplacement.

Pour moi, le stationnement alterné n'était qu'un inconvénient mineur, un désagrément pittoresque et incontournable de la vie citadine. Il est vrai que ce n'était pas moi qui patientais une heure et demie au volant le temps que les balayeuses aient fini. Mais Manhattan réservait d'autres contrariétés, comme se coltiner d'énormes sacs de courses dans le métro, payer des prix exorbitants pour pratiquement tout, se frayer un chemin à contre-courant aux heures de pointe pour aller à un rendez-vous ou récupérer Hannah à l'école. Il s'agissait à mes yeux de problèmes sans grande importance, subis par tout un chacun autour de moi : réunis dans le même cercle élitiste, nous nous accommodions de ces frustrations inhérentes à la vie new-yorkaise.

Ayant presque toujours travaillé dans des pays en développement, je constatais que j'adorais le chaos de New York. La ville est son propre tiers-monde, avec ses embouteillages incessants, ses poubelles qui débordent, ses politiciens corrompus et ses rats qu'on voit détaler dans les rues le soir et sur les rails du métro. Les jours d'été où on étouffait, j'ouvrais les fenêtres de notre appartement pour accueillir la clameur du trafic et les bruits de chantier.

« Tu es folle », disait Melissa, ma collègue et nouvelle amie au journal. New-Yorkaise pur jus, elle rêvait toujours de calme et de silence.

Au cours de mes premiers mois à New York, toutefois, j'étais indéniablement dépassée. Un jour, je me trouvais *midtown* et je me dépêchais pour rejoindre Hannah à la sortie de l'école. J'attendais le métro ligne 6 à l'heure d'affluence, le quai était bondé sur trois rangées, et la rame qui approchait pleine à craquer. Je m'étais tournée vers la frêle et élégante dame âgée qui se tenait à côté de moi.

« Hou là là ! avais-je soupiré en inspectant la foule, je ne crois pas qu'on arrivera à monter. »

La dame m'avait lancé un regard plein de pitié, mais aussi de mépris.

« Mais enfin, vous sortez d'où ?

— Je viens du Canada, avais-je répondu, penaude.

— Aucun doute, vous ne monterez pas dans cette rame », avait-elle conclu avec un sourire.

J'avais alors regardé cette créature raffinée agripper son sac en cuir souple puis se faufiler avec délicatesse et détermination dans la voiture comble. Elle n'avait eu aucun besoin de pousser pour s'insinuer dans la foule. C'est avec chic et grâce qu'elle s'était coulée à l'intérieur juste avant la fermeture des portières.

J'avais attendu la rame suivante. Elle aussi était bondée mais, dans la fraction de seconde où les portières s'étaient brusquement ouvertes, j'étais devenue une vraie New-Yorkaise. Sans tapage, sans « excusez-moi » ni « pardon, pardon », j'avais rejoint la cohue et je m'étais glissée dans la voiture.

Mon mari refusait de s'adapter, et il ne s'écoulait pas une semaine sans qu'il fixe une date butoir à notre séjour dans ce qu'il estimait être le pire endroit sur terre : « Encore un an, et terminé ! » Notre emménagement à New York n'était pas le seul écueil qui menaçait notre couple. Nous trimballions nos bagages émotionnels par monts et par vaux depuis une éternité. Nous étions constamment en mouvement, faisant et défaisant des cartons, installant des meubles dans nos différentes maisons, remplissant de longs formulaires pour obtenir des visas et voyageant dans des pays aussi divers que le Kosovo et le Brésil. Cette bougeotte incessante nous évitait de regarder en face l'état dégradé de notre relation. Quand l'amertume remontait à la surface et que la tension augmentait, nous partions en quête de nouveaux horizons. C'est ainsi qu'après avoir habité un appartement exigu de l'Upper East Side nous avions décidé d'essayer un autre quartier, encore convaincus l'un et l'autre que notre mariage chancelant serait sauvé par l'immobilier.

Roosevelt Island avait le mérite de disposer d'un parking à étages abordable, même s'il était délabré, avec un toit qui fuyait et un ascenseur qui fonctionnait à peine. Refuge agréable à l'écart du tumulte de Manhattan, l'île d'une longueur de presque cinq kilomètres permettait en outre de se rendre facilement *midtown* en téléphérique ou en métro. Au printemps, la promenade face à l'East Side de Manhattan grouille de joggers, de parents avec des bébés dans des poussettes et de couples se tenant la main. Les soirs d'été, l'odeur du bœuf grillé flotte dans l'air pesant tandis que les habitants se rassemblent autour des barbecues qui jalonnent l'extrémité nord de l'île. Il y a un bistrot au bord de l'eau qui offre une vue imprenable sur les Nations unies, et les remorqueurs qui vont et viennent sous le Queensboro Bridge.

Voilà donc comment, quelques mois après mon dîner de Noël avec Valerie, je m'étais retrouvée à résider à seulement quelques pâtés de maisons de chez Edward. Peu à peu, nos repas ensemble étaient devenus hebdomadaires. Je savais qu'il s'en faisait une fête autant que moi. Il passait des heures à me recopier des recettes et à me donner sans trop de détours son opinion sur la façon dont je menais ma vie. Il pleurait toujours sa chère Paula, et je commençais à mesurer à quel point j'étais malheureuse dans mon mariage.

Mais quoi qu'il puisse se passer pour moi en dehors de l'appartement d'Edward, nos dîners constituaient un intermède magique. Nous partagions des cocktails, une bouteille de vin, et les plats qu'Edward s'était senti l'envie de nous concocter ce jour-là. Ella Fitzgerald, Billie Holiday ou Ute Lemper chantaient en fond sonore, mais parfois ne régnait qu'un plaisant silence, doublé du sifflement du vent derrière les fenêtres du quatorzième étage.

2

Flet poché au vermouth, relevé d'un fumet
Pommes de terre sarladaises
Pousses d'épinard
Salade d'avocat, vinaigrette au bleu
Soufflé à l'abricot
Martini, vouvray

J'arrivai chez Edward juste avant le coucher du soleil. J'étais venue à pied, longeant la promenade de l'East River en direction du Queensboro Bridge, évitant les chariots des marchands ambulants et les cyclistes qui roulaient à vive allure sur la piste au bord de l'eau. C'était le printemps, et les cerisiers de la promenade étaient couverts de fleurs blanches ou roses, offrant à n'en pas douter aux habitants de Manhattan de l'autre côté du fleuve des vues de carte postale.

Averti par son portier, Edward m'avait déjà préparé un martini. Le verre était froid et le cocktail surmonté d'une parfaite pellicule gelée. Il était posé sur le plan de travail en formica de la cuisine à côté d'une boîte en plastique : la graisse d'oie dans laquelle Edward comptait faire sauter ses rondelles de pommes de terre blanchies. Je l'avais déjà vu exécuter cette recette : éplucher de petites patates légèrement ratatinées, les découper en fines lamelles et les transformer en *pommes de terre sarladaises**, un plat qui devait son appellation française à la cité médiévale de Sarlat en Dordogne. La région était célèbre pour ses oies et leur graisse délicieuse. Parfois, au moment où les pommes de terre atteignaient la consistance parfaite, croustillantes à l'extérieur, fondantes à l'intérieur, il y ajoutait du persil frais et de l'ail émincé.

Edward avait déjà fait chauffer deux assiettes et dressé sur chacune une colline de pousses d'épinard. Il était en train de pocher les flets dans le vermouth. Quand ils seraient prêts, il les déposerait sur le lit d'épinards et y ajouterait le fumet, confectionné avec des arêtes de poisson concassées, du vin blanc, des carottes, des oignons et du beurre. La sauce flétrissait les épinards et les faisait cuire al dente.

Comme d'habitude, il refusa mon aide. « Interdit d'entrer ! » décréta-t-il, me sommant de regagner le salon. Installée dans un fauteuil relax, je sirotais mon martini en regardant dehors. La nuit commençait à tomber et les lumières scintillaient dans les immeubles dominant le fleuve côté Manhattan. Ella Fitzgerald chantait : « *There's a somebody I'm longing to see, I hope that he turns out to be someone to watch over me…* »

C'était à l'évidence une présence féminine qui veillait sur nous dans l'appartement d'Edward. Des mois après sa mort, Paula hantait encore les lieux. Edward avait fixé plusieurs reproductions de sa dernière photo sur les murs du salon et de la salle à manger. Son visage avait beau être creusé de rides, j'aurais eu du mal à la qualifier de vieille dame, malgré ses quatre-vingt-dix ans bien sonnés quand l'image avait été prise. Elle était resplendissante avec son rouge à lèvres carmin et ses pendants d'oreilles, son menton un peu relevé lui conférant un air plein d'assurance, voire de défi. Edward avait placé la photo à différents endroits pour pouvoir parler à sa femme lorsqu'il faisait la cuisine, lui jeter un regard lorsqu'il préparait le dîner ou lisait un livre sur le canapé.

Après sa mort, Edward avait commencé à lui écrire des lettres, lui racontant quels plats il avait mitonnés, sur lesquels de leurs amis il était tombé. Bientôt, il se mit à lui parler de moi dans ses lettres. « Paula vous aurait aimée parce que vous avez de l'étoffe... du caractère », me dit-il.

Malgré le peu que je savais alors de leur couple, j'étais à la fois flattée et rassurée de voir qu'Edward et moi devenions amis. Les menus détails de ma vie – mes aventures new-yorkaises de journaliste pour le *Post*, mon mariage en déroute, les difficultés que j'avais à élever ma fille – remplissaient les pensées d'Edward et ses lettres à sa femme. Son désir de m'aider à passer ce cap délicat et à résoudre mes problèmes l'absorba tant qu'il chassa les idées noires qui le tourmentaient depuis le décès de Paula.

Pourtant, je ne m'épanchais pas beaucoup à l'époque, hormis sur les indignités de mon nouveau boulot. Travailler pour un tabloïd dans un marché aussi concurrentiel n'avait rien de facile.

« Les chefs hurlent après les journalistes en pleine salle de rédaction ! » m'insurgeai-je auprès d'Edward, lui rappelant que j'avais fait mes armes comme reporter dans un organe canadien, où l'ambiance était autrement plus raffinée et moins agressive. Au *Post*, un des premiers mails que j'avais reçus de mon rédac chef était intitulé : « Tu déconnes ou quoi ? »

Cette même semaine, mon boss, un journaliste irlando-portoricain trapu et gueulard, avait carrément effacé un article que j'avais écrit sur une fondation écologiste dirigée par le chanteur Sting, m'ordonnant de refaire mon papier sur-le-champ. D'autres vétérans auraient à coup sûr pris la mouche mais, malgré mes vingt bonnes années d'expérience dans le métier, principalement comme correspondante à l'étranger, je n'avais pas bronché.

Dans mon job new-yorkais, j'apprenais sur le tas. Un stagiaire australien avait très pertinemment résumé la chose : « De l'info gonflée aux stéroïdes. » J'avais néanmoins été stupéfaite quand, après avoir survolé mon papier sur Sting, mon rédac chef avait avalé une gorgée de son café crème d'un beige écœurant et appuyé sur la touche Supprimer.

« Voilà comment tu écris une histoire, aboya-t-il, pointant son doigt boudiné vers l'écran redevenu vierge. On affirme, on étaye ! On affirme, on étaye… »

Malgré la dureté de la salle de rédaction, où mon vieux clou d'ordi semblait toujours planter juste avant l'heure limite et où les imprimantes tombaient en panne plusieurs fois par jour, je me faisais des amis. La femme qui occupait le box voisin de celui qu'on m'avait assigné la première semaine devint ma meilleure copine. Comme je l'expliquais à Edward, Melissa et moi étions le jour et la nuit. Coiffure impeccable, tenues élégantes, elle avait des ongles parfaitement vernis et une frange rectiligne, alors que j'arrivais le plus souvent en retard après avoir déposé Hannah à l'école, la mise débraillée, les ongles écaillés et les cheveux ébouriffés. (Elle m'avait d'ailleurs un jour offert une brosse.)

J'appelais Melissa au secours quand je me perdais en ville, ce qui était fréquent. Une autre amie disait d'elle qu'elle était mon GPS personnel. Elle savait même où se poster sur n'importe quel quai de métro pour se trouver le plus près de la sortie voulue quand la rame parvenait à destination. Elle avait une appli à cet effet sur son téléphone. Quand je partais seule en reportage, elle s'assurait que j'étais munie d'un plan papier, car elle me savait infichue de déchiffrer les indications sur mon portable.

Nous sommes devenues très amies. Notre lien s'était forgé dans ce qu'elle appelait « l'usine à paragraphes », mais que je surnommais plus sinistrement le « goulag » du journalisme trash. « C'est comme de casser des cailloux au goulag », disais-je, chaque fois que notre papier revenait avec une longue liste de questions, auxquelles nous devions fournir les réponses juste avant le bouclage, alors que nous savions qu'elles ne figureraient jamais dans l'édition du journal. Nos boss n'avaient aucun scrupule à nous envoyer à quatre heures du matin assister aux prières du vendredi dans une mosquée du bas de Manhattan, ou planquer en plein été au fin fond du New Jersey dans la fournaise d'une voiture pour espionner la maîtresse présumée d'un sénateur.

« Qu'est-ce qui va pas chez toi ? » avait gueulé mon chef au téléphone quand la fameuse maîtresse m'avait filé entre les doigts. J'avais quitté mon poste une demi-heure pour acheter de l'eau et aller aux toilettes. Pendant mon absence, elle avait pris sa voiture et elle était partie. J'avais perdu sa trace.

« Tu peux pas aller aux toilettes pendant une planque ! avait beuglé mon chef. Tu vas aux toilettes avant ou après une planque, jamais pendant ! »

Je régalais Edward de ces anecdotes, soulignant l'humour des situations et le caractère des personnages que je côtoyais, mais mes histoires avaient beau souvent le faire rire, elles lui donnaient aussi du grain à moudre. Edward trouvait que je travaillais trop dur, que je devais m'interroger sérieusement sur ce que je voulais réellement accomplir.

« Vous savez, me dit-il après un de ces récits de boulot, je ne vous ai jamais vue rire franchement, à gorge déployée, tête en arrière, comme si vous étiez vraiment amusée. » Edward avait rempli à nouveau mon verre du vouvray gouleyant que nous dégustions et nous nous étions attaqués à notre salade d'avocat, sauçant avec de fines tranches de baguette sa vinaigrette au bleu divinement piquante.

Quelques jours plus tard une enveloppe arriva dans ma boîte. À l'intérieur, une feuille couleur crème, sur laquelle je reconnus l'écriture d'Edward. Y était jointe une photocopie de la recette qui avait inspiré le soufflé à l'abricot dont je lui avais fait compliment au dîner. Il l'avait découpée dans le *New York Times* au début des années quatre-vingt-dix quand il s'était mis à cuisiner pour Paula, les amis et la famille. S'il avait horreur de suivre une recette à la lettre, il en avait manifestement conservé quelques-unes au fil des années. Celle-ci réclamait beaucoup de travail, nécessitant des abricots secs qu'il fallait faire bouillir et réduire en purée, puis mettre au frais plusieurs heures avant de pouvoir les incorporer aux blancs en neige bien fermes.

Edward nous avait préparé des soufflés individuels dans de petits ramequins, qu'il avait enfournés au moment où nous entamions le plat principal. Il les avait servis dès qu'ils avaient monté : teintés de brun doré, leurs tourbillons de meringue légère ressemblaient aux dômes fabuleux d'une cathédrale de conte de fées, saupoudrés de sucre glace et surmontés de crème fouettée. Il y avait de la magie dans ce dessert si aérien d'Edward. Cette première fois – et toutes celles qui suivirent –, je savourai chaque cuillerée du merveilleux entremets, dégustant avec délectation la combinaison de crème, de meringue et d'abricot qui fondait dans ma bouche.

Même si l'ambiance de nos premiers dîners n'avait rien de lugubre, Edward avait sans doute déjà flairé mes malheurs conjugaux. Dans la lettre qui accompagnait la recette du soufflé, Edward, à juste titre, me mettait en garde contre une existence privée de romantisme. « C'est une sombre perspective. Car, comme j'ai essayé de vous le rappeler, vous êtes non seulement séduisante, mais vous avez une personnalité très attachante. Si importante que soit leur carrière pour les femmes, elles ne doivent pas oublier qui elles sont ni ce qu'elles sont. »

Edward avait atteint l'âge adulte dans les années cinquante, quand la carrière idéale pour la gent féminine était celle de femme au foyer. Après tout, Paula avait renoncé à son rêve de devenir actrice et était restée à la maison pour élever leurs deux filles. Edward avait occupé différents emplois pour subvenir aux besoins de la famille. Mais ils ne formaient en rien un petit couple classique. Dans leur temps libre ils écrivaient des pièces ; Paula avait même signé un roman pour la jeunesse, qu'elle avait réussi à faire publier. Le conseil d'Edward découlait manifestement de sa propre expérience et n'était pas exempt de sexisme. Chose étrange, je ne m'en étais pas vraiment aperçue jusqu'à ce que d'autres femmes me le fassent remarquer. Je considérais Edward d'un œil si bienveillant qu'il ne m'était jamais venu à l'esprit de mettre sa sagesse en doute. De fait, dans une certaine mesure, je trouvais qu'il avait raison : je travaillais tellement dur que j'avais négligé beaucoup d'aspects de ma vie personnelle. Et puis, à force de l'écouter me parler de Paula, je commençais à voir combien mon propre mariage était mal barré.

« Je suis un homme qui aime les femmes, pour toutes les raisons obscures comme pour les plus patentes, m'avait écrit Edward dans une lettre peu après notre rencontre. Leur féminité, leur charme, leur sensualité, leur délicatesse, leur chaleur, leur beauté, leur tendresse, etc. – la liste serait trop longue à établir. Mais je n'ai été amoureux que d'une seule femme durant toute ma vie d'homme. »

C'est peu dire qu'Edward aimait sa femme. « Je n'aurais pas vécu aussi longtemps si elle n'avait pas été là », me répétait-il sans cesse à propos de celle qu'il avait connue à New York à la fin de l'été 1940.

Dans les gros albums de souvenirs et de photographies qu'il gardait sur les étagères de son salon, Edward semblait avoir rangé toutes les lettres échangées avec sa femme, tous les programmes de théâtre, toutes les cartes publicitaires de restaurants et tous les menus de Thanksgiving artisanaux ornés de feuilles d'automne séchées. Le premier volume, qui remonte à l'année de sa rencontre avec Paula, s'ouvre sur les clichés en noir et blanc qu'ils avaient pris l'un de l'autre sur une plage de Californie. (« Nous prenions toujours des photos intéressantes, jamais ordinaires », m'expliqua-t-il.) Les portraits d'Edward et Paula – l'un et l'autre grands, dégingandés, jeunes – sont assortis de fiches descriptives découpées aux dimensions des pages de l'album et rédigées de l'écriture déliée d'Edward.

Viennent ensuite des pages et des pages de cartes d'anniversaire et de Saint-Valentin sous papier cristal. Le jour des quatre-vingt-cinq ans de Paula, Edward avait écrit : « Comment j'ai pu réussir à te séduire demeure un mystère absolu. Alors, ne me tire pas de mon rêve aujourd'hui, et continue à me laisser croire que je suis assez extraordinaire pour te mériter ! » Dans une carte à son mari, datant à peu près de la même époque, Paula avait écrit : « À mon Eddie à moi : nous avions rêvé d'atteindre le sommet de la montagne, et nous y sommes. Je t'aimerai toujours ! »

Ce soir-là, tout en feuilletant les cartes et les lettres d'Edward et Paula, je lâchai mine de rien que je n'avais jamais envoyé de carte de la Saint-Valentin à quiconque. (Pas depuis l'école primaire, en tout cas.) C'est triste, mais je n'avais jamais pensé à en envoyer une à mon mari, même au début de notre histoire, quand je vivais encore dans l'illusion du bonheur. Et depuis que nous habitions New York nous nous étions tellement éloignés l'un de l'autre qu'il semblait impossible de combler le gouffre.

Edward demeura silencieux, comme soudain incrédule. Se penchant sur la table, il nous servit le fond de la bouteille de vouvray, et nous terminâmes tranquillement tous nos soufflés à l'abricot.

Quelques jours plus tard, quand la recette d'Edward arriva par la poste – en même temps que son exhortation au romantisme –, je décidai de m'essayer à la confection des fameux soufflés. Je sortis les œufs du réfrigérateur pour qu'ils soient à température ambiante, mis les abricots à cuire dans l'eau sucrée, puis les laissai refroidir au frigo avant de les mélanger au reste des ingrédients.

« Cette recette ne rate jamais », m'avait affirmé Edward. Et il avait raison. En effet, lors d'une première tentative, j'avais utilisé des abricots frais et mon soufflé s'était révélé fade. Les abricots secs en purée, à l'arôme tellement concentré, donnaient un dessert plus riche et plus parfumé.

À la longue j'apprendrais à appliquer les recettes d'Edward à la lettre, qu'elles concernent la cuisine ou la vie. Ses maximes ne s'écartaient jamais beaucoup de certains thèmes fondamentaux : il fallait « reconnaître la part de mystère en soi » et accéder à ce qu'il se plaisait à appeler « le repos de l'âme ». Cette dernière assertion, je le comprends aujourd'hui, signifiait atteindre la confiance en soi et la sérénité. Ou, comme il disait : « Trouver un recoin dans sa tête où l'on soit en paix avec sa vie et avec ses décisions. »

3

Moruette à la sauce tomate San Marzano
Salade aux zestes d'orange
Galette aux pommes, glace vanille
Pinot grigio

Au dix-neuvième siècle, Roosevelt Island, alors connue sous le nom de Blackwell's Island, comptait plus d'une dizaine de prisons, un hôpital pour les cas de variole, des maisons de correction, et même un foyer pour « filles rebelles ». Dans la métropole en plein essor de l'autre côté du fleuve, les dirigeants municipaux avaient décidé que Blackwell's Island serait le lieu idéal pour enfermer criminels, indigents et aliénés, convaincus que « ce décor agréable et joyeux serait propice à leur réadaptation aussi bien physique que mentale ». En 1828, la ville de New York avait acheté l'île pour trente-deux mille dollars, et quatre ans plus tard étaient inaugurés la prison et l'hôpital de Blackwell's Island.

Quand j'emménageai là-bas en 2010, près de quatorze mille personnes – dont beaucoup de fonctionnaires de l'ONU et d'émigrés de l'ex-Yougoslavie – vivaient parmi les vestiges de cette triste histoire.

Subsistent encore sur l'île les squelettes fantomatiques d'hôpitaux abandonnés, mais même les immeubles résidentiels modernes, pour la plupart achevés dans les années soixante-dix, ressemblent à des établissements pénitentiaires, barreaux et barbelés en moins. À l'intérieur, les moquettes tachées des couloirs sentent le tabac froid et le chou cuit et recuit. L'immeuble d'Edward, en revanche, est un des plus élégants et des mieux entretenus, avec sa petite armée de portiers pleins de sollicitude.

L'année où j'y habitai, Roosevelt Island offrait peu de restaurants, un seul Starbucks et un supermarché que les riverains surnommaient la « boutique d'antiquités » car de nombreux produits avaient dépassé leur date de péremption. L'île, dont la largeur maximum est d'environ deux cent cinquante mètres, se transforme en ville fantôme à la nuit tombée. Un jour, j'avais invité à dîner une amie de quatre-vingts ans qui avait passé la majeure partie de sa vie à Manhattan. Elle avait scruté d'un air soupçonneux une Main Street déserte, et demandé avec hésitation où elle pourrait trouver un caviste ouvert.

« À Astoria », avais-je répondu.

Dans le téléphérique du retour, un passager qui l'avait prise pour une touriste avait voulu savoir de quel pays elle venait.

« Manhattan », avait-elle répliqué, pince-sans-rire.

Nous avions loué un appartement dans un grand ensemble juste après la Good Shepherd Church et le Roosevelt Island Garden Club, où les drôles de parcelles, labyrinthiques, foisonnaient en été de tomates grimpantes, d'arbustes à fleurs de toutes sortes et d'ornements de jardin aussi hétéroclites que poussiéreux.

Si mon mari, du moins au début, avait vu là un paradis, j'en avais une tout autre perception, et commençais à me languir des rues vivantes et animées de Manhattan. Roosevelt Island semblait refléter ma propre tristesse. Un mendiant cul-de-jatte sur un chariot d'hôpital accueillait régulièrement les habitants avec sa boîte de conserve lorsqu'ils sortaient du métro au retour de Manhattan. Je découvrirais bientôt qu'il appartenait à la communauté d'amputés logés dans les deux centres de rééducation qui rappelaient non sans effroi le sinistre passé de l'île.

Nous demeurions dans l'Octagon, un ensemble qui était jadis l'asile d'aliénés de New York. Les appartements étaient gigantesques, avec des vues époustouflantes sur Manhattan.

Le complexe disposait d'un court de tennis, d'une piscine en plein air, d'une galerie d'art et même d'une petite navette qui convoyait les résidents jusqu'aux stations de métro et de téléphérique. En 2006 un promoteur de Manhattan avait transformé l'Octagon en immeuble locatif de luxe – denrée rare sur l'île –, avec surfaces en marbre, grande hauteur sous plafond et aménagements design dans « le cadre spectaculaire d'un parc urbain en bord de fleuve ».

Mais les brochures ne disaient rien du funeste passé du 888 Main Street, un des établissements les plus tristement célèbres du New York du dix-neuvième siècle, un endroit que même Charles Dickens avait trouvé trop angoissant pour s'y attarder.

« [...] tout y avait un air de laisser-aller et d'apathie, de maison de fous, qui était fort pénible, écrit-il dans *Voyage en Amérique*, après une visite écourtée en 1842. L'idiot mélancolique, prostré, avec sa longue tignasse ébouriffée ; le maniaque proférant des sons inarticulés, avec ses épouvantables crises d'hilarité et son index pointé ; celui qui a le regard vide, celui dont le visage est déformé par la fureur, celui qui se mordille lugubrement les mains et les lèvres, celui qui se ronge les ongles : tous étaient exposés là, sans masque aucun, dans un dépouillement horrible et hideux[1]. »

Plus de quarante ans plus tard, le *New York Times* avait publié une enquête sur Ellen Drum, trente-cinq ans, une patiente souffrant de « mélancolie » internée à l'asile depuis près de deux ans. Elle avait quitté l'établissement, vêtue « uniquement d'une robe de calicot, de sous-vêtements et de bas ». On supposait qu'elle s'était noyée dans le fleuve. Son corps n'avait jamais été retrouvé. Il y avait quelque chose d'effrayant dans le silence glaçant qui descendait le soir sur l'Octagon. Quand j'y repense, c'était sans doute le quartier qui se prêtait le mieux à la dépression, mal dont je n'allais pas tarder à souffrir. Peu après mon arrivée sur l'île, j'avais écrit dans mon journal : « Je ressens un vide profond, comme je n'en ai jamais connu. Je vais devoir prendre des mesures drastiques pour y remédier. »

La tristesse dérivait de la solitude. Bien que nous ayons emménagé sur Roosevelt Island à sa demande, mon mari détestait tellement New York que toutes les vacances scolaires lui servaient de prétexte pour quitter la ville avec Hannah. Parfois il n'avait même pas besoin de ce prétexte et s'esquivait tout seul.

1. Traduit de l'anglais par Gérard Piloquet et Éric Chédaille, Phébus, Paris, 1994.

Quand sa mère était tombée malade au Canada, j'avais essayé d'être compréhensive, mais il s'absentait chaque fois de plus en plus longtemps. Nous avions dépensé presque toutes nos économies pour venir à New York, et, mon mari n'ayant pas de carte verte, j'étais obligée de travailler pour faire bouillir la marmite. Le matin, je prenais le métro pour aller à mon bureau dans le centre de Manhattan et, en rentrant tard le soir, je retrouvais un appartement froid et immense, donnant sur les lumières de la ville.

Je me mis à envisager mes dîners avec Edward comme d'indispensables répits. Son appartement devint un sanctuaire. Un jour, en sortant de l'ascenseur à son étage, je humai un parfum de cannelle, de sucre et de pommes au four et j'éprouvai aussitôt une bouffée de bonheur. Edward avait préparé sa fameuse galette aux pommes. Dans la cuisine, je me dirigeai droit dessus : elle était en train de refroidir sur un morceau de papier parchemin bruni par la cuisson.

Avant de connaître Edward, je faisais la pâte de mes tartes aux pommes avec de la margarine Crisco, et j'utilisais pour mes strudels des feuilles de filo surgelées très compliquées à travailler. La galette d'Edward était d'une rusticité merveilleuse – une tarte aux pommes bien plantureuse, sa pâte sommairement repliée sur les côtés comme une enveloppe, ses tranches de pomme revenues dans le beurre, caramélisées et mouchetées de cannelle, le tout généreusement saupoudré de sucre glace

Edward la coiffait d'une bonne cuillerée de crème ou de glace à la vanille, si bien quc, sur l'assiette, l'acidité de la pomme se diluait dans une flaque laiteuse de douceur sucrée. Sa galette était tellement exquise que, la première fois que je l'avais goûtée, j'avais eu du mal à me rappeler les autres plats du dîner. Je crois qu'il y avait du poisson, peut-être de la moruette dans une sauce délicate aux tomates San Marzano bien charnues – seule variété qu'il utilisait –, et une salade agrémentée de longs zestes d'orange dans une vinaigrette légère. Ce dessert avait éclipsé dans ma mémoire le reste du repas.

« Il faut que vous m'envoyiez la recette ! » m'étais-je écriée.

Edward avait renâclé et m'avait servi le fond de pinot grigio. Il était allé chercher une deuxième bouteille de vin dans le frigo et, en revenant, il avait annoncé que, oui, il essaierait de me rédiger la recette – il ne l'avait jamais couchée par écrit. Toujours est-il que quelques jours après ma découverte de ce délice je reçus ses instructions manuscrites sur une feuille de papier, simplement marquée « Tarte ». Elles indiquaient :

3 glaçons – pilés dans un sac en plastique épais avec un maillet.

2 c. à soupe de saindoux surgelé (facultatif, mais excellente addition).

Il y avait une abondance de notes sur l'importance du fait que le beurre, le saindoux et même le saladier devaient être aussi froids que possible. Il était impératif que je mette tout au freezer – saladier, farine et instruments – avant d'attaquer la recette. Il insistait aussi pour que j'utilise une râpe à fromage pour râper la demi-livre de beurre congelé à mélanger à la farine.

Le beurre en copeaux et le saladier glacé, c'était dans mes moyens, mais ensuite, quand je tâchai de reproduire la pâte d'Edward, je me trouvai pratiquement incapable d'y incorporer la glace pilée. Pas moyen d'agréger la farine et le beurre. Peut-être fallait-il la broyer plus menu ? Après plusieurs tentatives, je désespérai. Ne possédant pas de robot de cuisine (« Comment faites-vous pour vous en passer, ma chérie ? »), je pétris avec mes mains. La moitié de la pâte collait à mes doigts, et le reste était trop dur et friable. Pourquoi ne mettait-il pas tout bêtement de l'eau glacée ? Julia Child s'en contentait, après tout.

Mais Edward n'en démordait pas : le secret de la tarte parfaite était la glace pilée. Et, bien sûr, le choix des pommes. Pour sa galette, Edward préférait les Cortland ou les Macoun aux McIntosh. La Cortland avait une consistance plus ferme, disait-il, si bien qu'elle ne se transformait pas en compote quand on la faisait revenir dans le beurre, le jus de citron et le sucre, puis qu'on la faisait cuire à four chaud. La McIntosh était paraît-il trop poreuse, elle absorbait trop d'eau et, en général, se désagrégeait.

De fait, les pommes dans les tartes d'Edward étaient toujours fermes et acidulées avec juste ce qu'il fallait de sucre. Il les achetait le samedi matin au marché fermier mennonite sous la rocade du Roosevelt Island Bridge, et confectionnait toujours des galettes pour le dîner de Thanksgiving, qu'il continuait à célébrer avec ses amis qui habitaient un peu plus haut dans Main Street.

En réalité, je ne m'étais attelée à la galette d'Edward que bien, bien plus tard. À cette époque je me sentais tellement seule que, souvent, je n'avais pas envie de me mettre aux fourneaux, a fortiori quand mon mari et ma fille n'étaient pas là. Cuisiner rien que pour moi dans notre immense cuisine, avec ses appareils en inox rutilants et ses plans de travail froids et lisses, m'intimidait. Mes vieilles casseroles avaient l'air misérables dans ce décor d'opulence stérile, si bien que je consommais rarement des plats nécessitant un peu de préparation. Et comme je n'allais jamais faire les courses quand ma famille était absente, en général il n'y avait rien dans le frigo. Le vendredi soir, quand je rentrais tard du boulot, je m'installais devant la télé pour regarder, par exemple, un documentaire sur l'Holocauste, en mangeant des sardines à même la boîte.

« Si tu arrêtais de pleurer misère ? » disait souvent Melissa quand je lui décrivais ma soirée typique du vendredi. Une misère relative… les sardines étaient toujours d'excellente qualité, à l'huile d'olive et pêchées dans les eaux froides au large des côtes de Galice en Espagne. Melissa m'encourageait à me faire livrer des plats à domicile ou à sortir dîner. Mais dîner dehors en solo me semblait inconcevable. Peu après notre arrivée à Manhattan, mon mari et moi avions aperçu au restaurant une jeune femme élégamment vêtue : assise à une table dressée pour une seule personne, elle lisait un livre en sirotant un verre de vin blanc.

« C'est le problème avec les femmes, ici, avait dit mon mari. Elles sont toutes solitaires. Je ne veux pas que ma fille devienne comme ça. »

J'avais eu beau acquiescer, j'admirais en secret la solitude douillette de la dîneuse : assise tranquillement, à savourer son livre, son vin et sa propre compagnie… Des années plus tard, j'avais lu les écrits du fabuleux écrivain gastronomique M. F. K. Fisher, qui racontait ses expériences de dîners de femme seule à la fin des années trente et au début des années quarante.

« En règle générale, les gens qui me côtoient dans les trains et sur les paquebots, ou bien au restaurant, éprouvent à mon égard une espèce de ressentiment, car j'ai appris à jouir de ma solitude[1] », écrivait-elle en 1938. Après la mort de son mari, elle avouait à ses lecteurs : « Quelquefois j'allais dans le meilleur restaurant que je connaissais et j'y commandais des plats fins et de bons vins, comme si j'étais ma propre invitée qu'il fallait traiter avec une extrême courtoisie[2]. »

Je rêvais d'être ma propre invitée, mais j'étais loin de me formuler clairement ce désir et je n'avais pas encore découvert M. F. K. Fisher, ni d'ailleurs Julia Child. Quand je lus enfin les essais de M. F. K. Fisher sur sa vie et la bonne chère dans *Nos belles années d'avant-guerre*, je parvins à cerner cette sensation de paix qui m'échappait et que j'avais tant enviée dans le tableau que formait cette jeune femme en train de dîner seule au restaurant. Cette quiétude participait sûrement du fameux « repos de l'âme » dont parlait Edward.

Quant à moi, j'étais toujours affligée d'une âme angoissée et, sur Roosevelt Island, les fantômes de l'asile de fous me hantaient. Je n'étais pas en paix,

1. M. F. K. Fisher, *Nos belles années d'avant-guerre, op. cit.*
2. *Ibid.*

et la crainte de perturber ma fille ou de passer le restant de ma vie seule comme un chien étouffait ma combativité. Je cherchais à rasséréner tous ceux qui m'entouraient, et pensais uniquement à rendre les autres heureux. Je me rends compte à présent que je me trompais et ne faisais qu'ajouter à mon propre désarroi. Le lendemain de mon anniversaire – le 5 février 2011 –, la seule note dans mon journal était : « Dans la nuit véritablement noire de l'âme, il est toujours, jour après jour, trois heures du matin.[1] » C'était ce que disait Francis Scott Fitzgerald de la dépression, et je ressentais cela profondément.

La nuit, je demeurais allongée à ruminer. Comment améliorer notre quotidien à New York pour que mon conjoint, si malheureux dans cette ville, y passe plus de temps avec moi ? Peut-être pourrions-nous déménager, trouver une maison dans le Queens avec un garage ? À Long Island ? Pourquoi pas un conseiller conjugal ? Nous devions bien à notre fille d'essayer d'arranger la situation, non ? Mais que pouvais-je faire pour les autres désagréments dont il se plaignait : les klaxons, les gens qui marchaient trop vite, la cohue dans le métro aux heures de pointe ?

Je savais que ce n'était pas vraiment New York qu'il détestait. La ville n'était qu'un prétexte, une manifestation extérieure de son instabilité chronique. Au cours de nos neuf années ensemble, nous avions quitté un appartement à Toronto pour une maison à Miami, étions revenus à Toronto où nous avions habité une majestueuse bâtisse victorienne que nous

1. Francis Scott Fitzgerald, *La Fêlure*, traduit de l'anglais par Dominique Aury et Suzanne Mayoux, Gallimard, Paris, 1963.

avions rénovée. Mais aussitôt la rénovation terminée, il en avait cherché une autre, et nous avions encore déménagé, et encore. Après la troisième rénovation, nous étions repartis, cette fois pour Rio de Janeiro, où nous étions restés trois ans, laps de temps le plus long que nous ayons jamais passé sans faire nos valises. Je travaillais sur un projet de livre, pendant que lui prenait de mélancoliques photos en noir et blanc du carnaval. Je soupçonne que les tristes images de ces fêtards d'avant le carême avec leurs plumes, leurs paillettes et leurs déguisements symbolisaient son propre sentiment de déplacement.

Une fois que nous fûmes installés sur Roosevelt Island, il commença à se plaindre du fait que je travaillais trop, que je n'étais pas à la maison pour préparer les repas, que je ne faisais pas bien le ménage. Il avait même étalé sous mon nez une feuille de présence montrant le nombre d'heures qu'il avait passées à s'occuper de notre fille. Sous-entendu : je n'assumais pas ma part. Ses récriminations se firent de plus en plus violentes, et je compris enfin que c'était moi qu'il essayait de fuir depuis toutes ces années. Je me mis donc à manigancer mon évasion.

Seulement voilà, en manque de sommeil et les nerfs à vif, il me semblait n'avoir nulle part où aller. Je me sentais emprisonnée et un matin, juste avant l'aube, alors que je regardais dehors le dédale formé par la cour intérieure de l'Octagon, je fus prise de panique. Enfilant un jean et un sweat-shirt par-dessus mon pyjama, je marchai jusqu'au phare abandonné qui dominait les eaux tumultueuses baptisées Hell

Gate[1], une zone traîtresse pour les bateaux, théâtre de naufrages épiques.

Assise là, face aux tours de Harlem et du Bronx, je me savais émotionnellement coincée sur cette langue de terre que les flots sombres entouraient de toutes parts.

1. Littéralement : Porte d'enfer. *(N.d.T.)*

4

Poulet rôti aux herbes en sac de cuisson
Légumes rôtis
Fenouil rémoulade sur lit de laitue
Popovers *flambés*
Martini, pinot blanc

J'arrivai chez Edward au moment où les tempêtes côtières hivernales commençaient à faire rage. J'avais emprunté pour venir la promenade de l'East River en direction du Queensboro Bridge, dont la tourmente amoindrissait à peine la majesté : le pont évoquait de fiers points d'exclamation neigeux.

Quand je pris place dans le salon d'Edward, la neige me cachait la vue des immeubles en bordure du fleuve dans l'Upper East Side. Manhattan semblait sombrer dans le silence et ses lumières scintillantes se reflétaient très faiblement dans les eaux agitées. Subjuguée par la tempête, je sursautai en entendant Edward crier depuis la cuisine :

« Nous devons travailler à mettre en valeur votre féminité. »

Trop choquée pour répliquer, je choisis de voir dans cette remarque le signal de passer à table. En m'asseyant, je goûtai en catimini le fenouil rémoulade, déjà servi sur de petites assiettes à salade. Il était prévu en second plat, mais j'étais impatiente. Edward faisait sa rémoulade façon Louisiane, avec du piment de Cayenne et de la mayonnaise, fouettant le mélange jusqu'à ce qu'il prenne une teinte rose clair. Crémeuse et piquante, la sauce enrobait les morceaux fermes et légèrement sucrés du fenouil vapeur. J'eus du mal à m'arrêter. Par chance, Edward surgit avec le poulet bien doré sur un lit de carottes et de céleri rôtis, que décoraient des branches de thym et de romarin frais. Il avait fait mariner la volaille pendant deux jours dans le cidre et le sel, avant de la frictionner tout entière avec du thym, du romarin et du beurre. Il avait taillé en dés carottes, oignons et céleri pour faire un mirepoix, qu'il avait étalé à la cuillère sur du papier sulfurisé, avant de poser la viande par-dessus. Il avait ensuite fourré le tout dans un sac de cuisson et mis la bête à braiser plusieurs heures.

Edward posa le plat sur la table et s'assit. Il nous servit du vin puis brandit son couteau et sa fourchette à découper d'un petit geste théâtral. Entaillant avec soin la chair succulente, il plaça un morceau de blanc sur mon assiette. Lorsqu'il eut détaché une cuisse pour lui, il se beurra une tranche de baguette et me fit un clin d'œil.

« *Bon appétit** », lança-t-il avec un accent français exagéré.

Après avoir goûté le poulet cuit en sachet façon Edward, je n'ai plus jamais rôti cette volaille autrement. Juste avant de sortir la viande, il augmentait la température à deux cent soixante degrés et retirait le sac pour que la peau soit légèrement carbonisée et bien croustillante.

« C'est fantastique », déclarai-je, quand je sentis sous ma dent la peau croquante qui se mêlait à la chair tendre.

Edward acquiesça joyeusement, mais il avait d'autres sujets en tête : il remit sur le tapis la question de ma féminité.

Je savais qu'il ne voulait pas être cruel ; de son point de vue, il exposait simplement les faits. Il s'exprimait avec l'autorité de l'âge associée à la conviction qu'il n'avait pas de temps à perdre. Étant donné qu'il me transmettait la vérité suprême, il n'avait pas besoin de mâcher ses mots. L'idée qu'il puisse me blesser ne lui traversa même pas l'esprit. J'étais désormais habituée à ces leçons de vie signées Edward, directes et sans préambule. Il m'expliqua que je devais absolument montrer l'exemple à Hannah, et qu'il avait l'impression que, dans mon mariage, j'étais « prise dans une nasse » et que je « tournais en rond ».

Lors d'un dîner précédent, quand pour la première fois je lui avais parlé franchement de mon couple mal en point, et de la peur que j'avais de traumatiser ma fille encore petite en prenant des mesures définitives, Edward était resté silencieux. Quelques jours plus tard, j'avais reçu une lettre que je relis encore de temps en temps quand je me sens désemparée. Il affirmait : « Vous êtes quelqu'un de bien et de talentueux, dont le potentiel ne se réalisera qu'avec l'amour, le soutien et la chance dont chacun a besoin. À quel moment avez-vous cessé de vous battre pour ce qui vous revient de droit, à quel moment avez-vous renoncé à maîtriser votre vie ? Voilà l'énigme que vous tentez actuellement de résoudre. Quand vous aurez retrouvé cette volonté d'exister par vous-même, ne la lâchez plus. »

À quatre-vingt-treize ans, Edward a presque deux fois mon âge. Né à Nashville, il aime boire son bourbon *on the rocks*, utilise dans la conversation des expressions comme « avoir du cran », mais il est également capable de jurer comme un vrai New-Yorkais. Il n'a ni téléphone portable ni ordinateur ; il écrit à la main, et il ne regarde jamais la télévision.

« Nous vivons à l'ère de la communication, or personne ne sait plus communiquer, m'avait-il dit un jour. On ne jure plus que par les mails ou les textos, or, communiquer, ce n'est pas ça, avait-il continué. Les gens ne se confrontent plus à la réalité. C'est dommage. »

Edward lit à l'occasion le *New York Times* dans l'annexe locale de la New York Public Library située en face de son immeuble. Chaque fois qu'un de mes articles est publié dans le *Post*, il se rend au *delicatessen* de Main Street à côté de chez lui pour acheter le journal. Il a un abonnement à la *New York Review of Books,* reçu en cadeau de Noël. Il glisse la photocopie de la critique littéraire du *Times* sous le rabat de tous les livres qu'il lit. Si l'ouvrage est un présent, il tient à ce que la personne qui le lui offre inscrive une dédicace sur la page de titre. Il n'a pas fait d'études supérieures, mais c'est un des êtres les plus cultivés que je connaisse. Il écrit ses lettres sur du papier à en-tête gaufré, et il n'est pas rare que les poèmes manuscrits qu'il m'envoie me fassent pleurer.

Il dit toujours la vérité, parfois de la manière la plus délicate mais, comme je l'ai précisé, il peut aussi faire montre de dureté. À bien des égards, il m'a forcée à affronter certains traits de mon caractère que j'aurais mille fois préféré persister à ne pas voir. Le regard pénétrant d'Edward sur ma vie me donnait souvent à réfléchir, cependant c'était sa générosité qui m'émouvait aux larmes. Je savais qu'il avait dû énormément hésiter avant d'énoncer ses remarques sur mon physique, mais je n'étais pas préparée à ce qui allait suivre.

« Il faut qu'on vous dégote une tenue, décréta Edward, tandis que nous dînions. J'aimerais vous voir dans une jolie robe, avec des talons. Il faut qu'on aille faire du shopping. »

En guise d'explication, il me raconta que, sentant sa fille Laura déprimée, il lui avait jadis offert un tailleur très coûteux. Il l'avait emmenée chez Saks Fifth Avenue, où le tailleur à mille quatre cents dollars qu'avait choisi Laura était en solde, mais toujours hors de prix.

« On peut se permettre cette dépense ? lui avait demandé Paula à l'époque.

— On ne peut pas en faire l'économie », avait simplement répondu Edward. Il avait également offert à Laura un trench assez onéreux.

« Elle était à tomber », se souvint-il.

À ce moment-là, une sonnerie retentit dans la cuisine : le minuteur pour les *popovers* qu'il avait mis au four. Il se leva, vacillant un peu sur ses jambes. Je me mis debout pour l'aider à débarrasser ; il ne voulut rien savoir. Je me gardai d'insister.

J'avais compris peu à peu que les dîners avec Edward étaient des rituels, non dépourvus d'un certain apparat. Quand il se sentait bien, Edward élaborait des festins de cassoulet ou d'huîtres Rockefeller, et de temps à autre nous nous accordions un bon champagne ou un bon porto, servi dans les fragiles verres séculaires qu'il avait hérités de sa mère. Il faisait toujours chauffer les assiettes dans le four, même s'il ne proposait que des restes, ce qui arrivait rarement. Tout se déroulait selon le même cérémonial réconfortant : un cocktail avant le plat principal – ce soir nous avions bu des martinis – que suivait un dessert, et éventuellement, pour terminer, un café turc arrosé de brandy ou de Ricard.

« Le secret c'est de traiter la famille comme des invités et les invités comme la famille », m'avait-il expliqué un jour. Si abattue que je sois avant de frapper à sa porte, je quittais toujours l'appartement d'Edward souriante, avec le cœur rempli d'une joie sans mélange.

« Je viens de dîner avec ton père ! avais-je dit à Valerie, l'appelant au Canada alors que je rentrais chez moi à pied après un de ces premiers dîners avec Edward. Merci ! Merci ! Je ne sais pas pourquoi, mais je me sens en pleine forme ! »

Edward avait déposé nos assiettes dans l'évier et s'occupait maintenant du dessert. Il mit de la confiture d'abricots dans une poêle puis la flamba au cognac, reculant un peu tandis que jaillissaient les flammes. Quand elles s'éteignirent, il prit une cuillère pour verser la purée d'abricots flambée sur les *popovers* tout juste sortis du four. Il les saupoudra ensuite de sucre glace.

Peut-être était-ce le *popover* délicieusement sucré et moelleux ou le vin que nous avions ingurgité en abondance ce soir-là – il n'était pas inhabituel pour nous de siffler une bouteille entière durant nos repas ensemble –, je me surpris en tout cas à consentir de bon gré à cette virée shopping, puis à trinquer au succès de notre expédition avec ce qui restait de vin.

Eh oui, j'étais devenue la mission spéciale d'Edward avec mes problèmes de femme quadragénaire. Je ne doutais pas que mettre de l'ordre dans la pagaille de mon existence lui procurait un but dans la vie ; il n'empêche que j'avais déjà rendu les armes. Je lui fis cependant promettre une chose : il ne devait rien m'acheter.

« D'accord, fit-il, ses yeux bleu-gris animés d'une lueur pétillante. On ne fera que regarder. »

5

*Poulet paillard, sauce aux champignons**
*Pommes de terre soufflées**
Courge poivrée au four
Gâteau aux amandes, glace vanille
Cocktail bourbon/pastis, chardonnay

Je regardai Edward verser un doigt de bourbon dans un verre à whisky qu'il venait de sortir du freezer. Il ajouta du tonic et une larme de pastis, qui brouilla légèrement le mélange. Pour terminer, il agrémenta sa préparation d'un peu de citron vert et de quelques glaçons, stockés dans un vieux Tupperware.

Ce cocktail n'avait jamais été mon favori ; je préférais la perfection de ses martinis, glacés, secs, bien gouleyants. Le breuvage que m'avait concocté Edward était un peu trop sucré à mon goût, mais jamais je n'aurais songé à le refuser. Parfois, lorsqu'il en trouvait chez un caviste, il remplaçait le bourbon par de l'absinthe et me servait, triomphant, ce qu'il se plaisait à appeler la « fée verte » – un alcool aromatique aux nuances de fenouil et d'anis.

À la longue, je finis par apprécier les mixtures d'Edward ; elles devinrent un élixir nécessaire, comme la pénicilline rose que ma mère me forçait à avaler, enfant, lors de mes bronchites à répétition. J'absorbais la liqueur d'Edward avec les conseils qu'il me distillait au cours du repas, lequel s'étirait souvent sur trois, voire quatre plats.

« Le problème avec des tas de femmes, dit-il, c'est leur manque d'estime de soi. Ce qui m'impressionnait chez Paula c'était son estime de soi. » Paula n'était pas du genre à se laisser bousculer, me confia-t-il, précisant qu'il fallait que je me montre plus résistante. Et que j'essaie de transmettre cette force à ma fille.

« Est-ce que la robe est arrivée ? » s'enquit-il tandis que, debout dans la cuisine, je sirotais mon cocktail en le regardant s'affairer. Prenant de gros morceaux de pommes de terre qu'il avait mis à congeler dans des sachets à zip, il les déposa dans de l'huile de pépins de raisin bien chaude. Il avait une façon singulière de préparer les frites : les pommes de terre devaient être blanchies puis congelées avant d'être plongées dans l'huile bouillante. Il n'utilisait que de l'huile de pépins de raisin, car c'était la seule huile qu'on pouvait faire chauffer à très haute température sans qu'elle fume ou s'oxyde. Ses frites, ou *pommes soufflées**, requéraient un tour de main compliqué que je ne maîtrise toujours pas aujourd'hui.

« *I've got a crush on you, sweetie pie...* » Edward chantait – atrocement faux – sur un disque d'Ella Fitzgerald, et ne s'en souciait pas le moins du monde.

Avant que j'aie pu lui répondre au sujet de la robe, il insista pour que nous dégustions les frites tant qu'elles étaient chaudes, croustillantes, parfaites. Le moindre délai risquait de ramollir les pommes de terre, prévint-il, avec une conviction telle que je n'osai protester. Comme d'habitude, il avait raison. Quelles frites ! Une enveloppe dorée, croquante et salée d'où jaillissait une chair moelleuse. Chose peu étonnante, le repas entier était sublime : la saveur sucrée de la courge dont la pulpe fondante orange pâle était zébrée de beurre et de cassonade ; le poulet paillard tout en finesse nappé d'une sauce veloutée faite avec la demi-glace d'Edward, additionnée de vin et de champignons à la texture à la fois ferme et onctueuse.

« La robe n'est pas encore arrivée », dis-je, embrochant une autre frite.

Edward cessa de mâcher, les traits assombris par une expression préoccupée. Je lui assurai que je ne m'inquiétais pas, mais il m'enjoignit d'avertir mon portier que j'attendais un paquet de chez Saks. Je promis mais oubliai aussitôt, et la robe se morfondit dans la salle des colis de mon immeuble des jours durant avant que je ne pense à vérifier.

Une fois Edward tranquillisé au sujet de la robe, nous passâmes au dessert : de la glace à la vanille avec un gâteau aux amandes. C'était celui qu'il avait repéré dans la vitrine de François Payard, du temps où la prestigieuse pâtisserie se situait encore dans l'élégante boutique de Lexington Avenue. Sur un coup de tête, Edward l'avait reproduit à la perfection. Il prétendait n'avoir jamais goûté l'original de chez Payard ; il lui avait suffi d'examiner ce biscuit de Savoie à la croûte dorée sous tous les angles.

Il confectionna le même gâteau pour mon anniversaire, et me rendit une visite inattendue à mon bureau de Manhattan. Haute silhouette aristocratique en veste matelassée noire et pantalon de velours de même couleur, coiffé d'un béret espiègle, il charma la réceptionniste au rez-de-chaussée, qui n'était guère connue pour son humour. Elle m'appela en me disant, tout excitée : « Descendez. Edward est là avec une surprise pour vous ! »

Edward avait produit un effet comparable sur les vendeuses de Saks Fifth Avenue, où nous étions allés faire notre shopping la semaine précédente. Il avait absolument tenu à ce que ce soit chez Saks. À la dernière minute j'avais suggéré Bloomingdale's, pour lui éviter de trop marcher. Edward se déplaçait avec difficulté, s'aidant d'une canne. Les jours où il souffrait, il déambulait dans sa petite cuisine en s'accrochant des deux mains aux plans de travail, tel un gymnaste pratiquant les barres parallèles au ralenti. Je ne voulais pas qu'il se fatigue trop pendant notre virée et me figurais que, comme Bloomingdale's était à deux pas de l'arrêt du téléphérique à Manhattan, ce magasin aurait sa préférence. Mais non, Edward ne démordrait pas de Saks et tant pis si le voyage était plus long : bus de Roosevelt Island jusqu'à la station de téléphérique, puis autre bus jusqu'à la Cinquième Avenue.

Nous nous retrouvâmes devant l'immeuble d'Edward par un après-midi glacial en plein cœur de l'hiver. Il me reprocha aussitôt de ne pas avoir mis assez de rouge à lèvres. Je cherchai dans mon sac le nouveau bâton Dior que j'avais acheté quelques jours avant avec Melissa. Lorgnant mon reflet dans l'abribus, j'entrepris timidement d'appliquer sur ma bouche une nouvelle couche de Rouge Favori.

Je lançai un regard oblique à Edward et il s'esclaffa, secouant la tête en signe de fausse réprobation. Il était clair qu'il se plaisait à jouer les pygmalions avec une disciple pour le moins indocile. « Mettez-en plus ! ordonna-t-il, frappant le sol froid du bout de sa canne avec autorité. Vous n'en mettez pas assez ! »

Tandis que nous survolions l'East River dans le téléphérique bondé et que Roosevelt Island s'éloignait derrière nous, Edward désignait les ponts enneigés au fur et à mesure qu'ils apparaissaient : Brooklyn, Manhattan, Williamsburg... sans oublier le Queensboro Bridge juste à côté de nous. À l'approche de Manhattan, les immeubles résidentiels dressèrent bientôt de part et d'autre leurs silhouettes imposantes.

Nous descendîmes dans le chaos de la Deuxième Avenue et nous postâmes à l'arrêt de bus de la 51e Rue Est. Impatiente, je levai une main gantée pour héler un taxi.

« Vous êtes pressée ? » demanda Edward de ce ton neutre et joyeux qui me faisait toujours me sentir ridicule.

Quand nous atteignîmes notre arrêt, je lui offris mon bras et il changea sa canne de main. Bras dessus, bras dessous, nous remontâmes lentement la Cinquième Avenue alors que des flocons commençaient à tomber. Une fois chez Saks, Edward savait exactement où aller. Il se dirigea vers l'ascenseur pour se rendre au premier étage, où s'alignaient les stands luxueux des créateurs.

Une vendeuse très chic de la boutique Etro nous jeta un rapide coup d'œil. Avec son allure surannée, son écharpe en cachemire impeccablement nouée autour du cou, Edward avait l'air d'un gentilhomme campagnard français. Quant à moi, avec mes bottes en cuir italien éraflées, mon jean décoloré et mes lèvres trop rouges, j'étais passablement mal à l'aise. Lorsque

Edward lui expliqua notre mission, la vendeuse Etro tint à sélectionner avec moi plusieurs robes. Pendant ce temps, Edward inspectait le rayon des articles soldés et revint avec une seule petite robe noire – un élégant modèle taille basse à manches courtes, discrètement garni d'une bande de dentelle du même noir au niveau des hanches. Signée Burberry, elle coûtait les yeux de la tête, mais Edward n'avait regardé ni le prix ni la marque quand il l'avait prise pour me la montrer.

« J'aimerais voir ce que celle-ci donne sur vous, ma chérie », dit-il en me tendant le vêtement avant de prendre place dans un fauteuil confortable non loin des cabines d'essayage.

D'une certaine façon je ne fus pas étonnée quand, de toutes les robes que j'essayai cet après-midi-là, celle choisie par Edward se révéla absolument parfaite, bien qu'un peu serrée. Il avait travaillé comme tailleur à une époque de sa vie, et il savait reconnaître une coupe de qualité et le travail d'un bon faiseur. Le menton appuyé sur la poignée de sa canne, profondément concentré, Edward me demanda de me retourner avant d'énoncer son verdict.

« Elle met vraiment votre silhouette en valeur, décréta-t-il. Je ne savais même pas que vous en aviez une. Pas sensationnelle, mais pas mal. » Sur quoi, braquant sa canne dans ma direction, il ordonna : « Rentrez le ventre ! Tenez-vous droite ! »

J'inspirai, me redressai, mais la robe était trop serrée, surtout aux hanches, et je parvenais tout juste à remonter la fermeture Éclair dans le dos. Néanmoins Edward avait raison sur un point : pour la première fois depuis longtemps je remarquai que j'avais effectivement des hanches. Des jambes. Des seins. J'étais une femme et, si étroite que soit cette robe, elle me flattait également d'une manière que j'avais oubliée depuis bien des années. Soudain, il me la *fallait*, même si j'avais un placard rempli de robes noires, pour la plupart larges et informes. Edward l'avait sélectionnée, après tout, et sous les lumières crues de la cabine d'essayage j'imaginai qu'elle serait à la fois un talisman, un outil de séduction et une armure. Je ne cillai même pas devant les cinq cent vingt-cinq dollars de l'étiquette. La robe était soldée, après tout, et elle valait largement cette somme-là.

Après avoir vérifié sur son ordinateur, la vendeuse Etro dénicha le même modèle à ma taille dans une autre boutique. Elle m'affirma qu'elle serait livrée chez moi d'ici une semaine. Je lui tendis une carte de crédit, et notre petite excursion s'acheva. Edward prit appui sur sa canne et se releva lentement du fauteuil près de la cabine d'essayage : l'essaim de vendeuses snobinardes qui n'avaient cessé de nous observer avec de grands sourires et une intense curiosité se précipita pour l'aider, aux petits soins, lui proposant de l'eau, du café, du thé…

« Votre grand-père est un homme vraiment merveilleux, s'extasia la vendeuse en me rendant ma carte de crédit.

— Ce n'est pas mon grand-père », répliquai-je, la mine malicieuse.

Elle haussa les sourcils, mais je ne pris pas la peine d'expliquer.

Edward et moi nous séparâmes au rez-de-chaussée au milieu des cosmétiques et des parfums. Il allait chez Citarella acheter des encornets. Il avait promis de préparer des calamars farcis « à la portugaise » pour notre prochain dîner, et il tenait à arriver au marché avant qu'ils n'aient vendu tous leurs petits calamars du jour. Des calamars adultes ne feraient pas l'affaire.

« Ils ne sont pas assez tendres », dit-il avec un clin d'œil.

Je regardai Edward se faufiler habilement à travers la cohue des clients de Noël et des jeunes gens des deux sexes magnifiquement habillés qui examinaient des flacons de parfum. Je me surpris à sourire. La joie, le bonheur... ces sentiments m'envahissaient chaque fois que je voyais Edward. En dépit de tout ce qui se passait dans ma vie, je souriais.

À cet instant-là, j'étais la femme la plus chanceuse du monde. J'avais acheté une robe qui n'était pas exactement la tenue de bal de Cendrillon, mais qui ne réussissait pas moins à me métamorphoser. Peut-être la vendeuse n'avait-elle pas entièrement tort : Edward, c'est vrai, aurait pu être mon grand-père, mais en réalité il tenait plus de la bonne fée. En tout cas, il veillait sur moi.

Et à présent moi aussi je veillais sur lui. Je ne le ressentais aucunement comme une obligation. J'aimais lui téléphoner, dîner en sa compagnie, et découvrir par ce biais un univers fabuleux. J'étais devenue une obsédée de la nourriture et du vin. Les macarons de Ladurée sur Madison Avenue, le fromage de brebis français dans une boutique d'East Village, le sel à la truffe italienne, le vinho verde rosé portugais qu'il adorait... Tous les produits de qualité que je trouvais, je les apportais à Edward, qui se révélait plus que sensible à mon enthousiasme.

Je souriais toujours lorsque je lui emboîtai discrètement le pas en direction de la sortie, histoire de m'assurer qu'il allait bien. Je le regardai ensuite remonter la Cinquième Avenue avant de se perdre dans la foule de Noël.

6

Petits calamars farcis à la portugaise
Salade à la vinaigrette maison
Cantaloup, glace au café
Sauvignon blanc

« Ne le dites pas à Valerie », m'enjoignit Edward en me passant une assiette fumante de calamars. Nageant dans une sauce tomate délicatement épicée, ils étaient farcis de riz, de céleri, de thym et... impossible de deviner l'autre ingrédient.

« Des poireaux ? m'enquis-je, après ma première bouchée.

— Des cébettes », rectifia-t-il.

Je le complimentai sur son plat et lui confiai que ma mère était la seule personne de ma connaissance à préparer les calamars de cette façon. J'avais supposé qu'il s'agissait d'une vieille recette de famille, transmise de génération en génération. Mais la manière qu'avait Edward d'exécuter ce plat, allant jusqu'à fermer les encornets généreusement farcis au moyen d'un cure-dent à chaque extrémité, me ramenait à mon enfance.

Ma mère s'était éteinte récemment et je ressentais vivement sa perte. Certains jours, je me disais que je ne devais pas oublier de lui téléphoner, pour me rendre compte quelques secondes plus tard qu'elle ne décrocherait pas.

« Où avez-vous eu la recette ? » demandai-je, sidérée.

Il éluda. « Oh, I-sa-bel... », fit-il en souriant. Il détachait chaque syllabe de mon prénom lorsqu'il voulait me faire comprendre une chose qui aurait dû être évidente pour moi, ou suggérer qu'il n'avait en réalité aucune intention de me répondre. Dans les moments de ce genre, je sentais brutalement, comme une étreinte, la présence de ma mère. Peut-être à cause de l'intimité que cela traduisait. Dans une certaine mesure, Edward assumait le soutien parental dont j'étais désormais privée.

Concentrée sur l'étrange coïncidence des calamars, j'oubliai presque la réflexion d'Edward en début de repas. « Ne le dites pas à Valerie » était une formule qu'il employait souvent, surtout quand il s'embarquait dans ce qui pouvait être considéré comme une entreprise téméraire, dans une aventure que mon amie, sa fille cadette, serait à son avis incapable de cautionner.

Cette fois il ne souhaitait pas que Valerie soit au courant des poèmes qu'il soumettait aux revues littéraires. Edward avait la certitude que ses œuvres ne seraient jamais publiées, de toute façon. Mais peut-être conservait-il le faible espoir qu'un jour une personne extérieure à sa famille apprécierait le sentiment, la finesse artistique des écrits sur lesquels il peinait à son petit bureau en bois et à la table de salle à manger les nuits où Paula lui manquait si cruellement. Valerie avait beau lui dactylographier ses poèmes, je suis sûre qu'elle n'avait jamais imaginé qu'il puisse chercher à les faire publier.

En général, quand il recevait les dactylographies, il ne supportait pas de voir ses mots si soigneusement imprimés et disposés en colonnes régulières sur la page. Dans leur police de caractères classique sur un papier d'un blanc éclatant, ses poèmes lui paraissaient soudain stériles. Il en faisait alors des photocopies, découpait méthodiquement chaque vers puis réajustait les bandelettes comme un puzzle en les collant sur une feuille de papier, jusqu'à ce que les alinéas lui conviennent, et que les espacements indiquent bien les respirations.

Ses vers étaient conçus pour être lus à voix haute, avec les pauses et les inflexions qu'il fallait, et il s'y exerçait souvent. Edward confessait qu'il lui arrivait de s'endormir en récitant ses textes, travaillant le rythme et essayant diverses intonations. Toutefois, lorsqu'il ne réussissait pas à trouver le sommeil, il se levait au point du jour pour rédiger des lettres pour Paula.

Il m'encourageait à faire de même, à adresser des missives aux morts, en l'occurrence à ma mère, où je lui dirais ce que je ressentais vraiment depuis qu'elle n'était plus là. Un après-midi où j'étais particulièrement cafardeuse, je suivis le conseil d'Edward et fus stupéfaite du résultat. Quand, munie d'un cahier, je commençai à écrire à ma mère, mon cœur déborda. Une fois les vannes de la tristesse ouvertes, impossible d'endiguer mon chagrin.

« Je n'aurais jamais cru que je souffrirais si profondément de ton absence, écrivis-je à ma mère disparue. Je ne me suis jamais sentie aussi seule. »

Ma mère était morte peu avant mon installation à New York, alors que j'effectuais au Brésil des recherches pour un livre. Une semaine avant son décès, elle m'avait appelée, et elle semblait très animée, me demandant comment avançait mon travail et se réjouissant que sa petite-fille de huit ans, que j'avais emmenée avec moi, apprenne un peu de portugais. J'avais tendu le téléphone à Hannah pour qu'elle puisse parler à sa grand-mère. Quelques secondes après avoir raccroché, ma fille avait éclaté en sanglots irrépressibles.

« Nana va mourir, avait-elle dit, inconsolable.

— Bien sûr que non, elle ne va pas mourir, avais-je répliqué, pour la rassurer. Elle était toute contente au téléphone. »

Une semaine plus tard, ma mère avait eu une attaque et était tombée dans le coma. Elle ne s'était jamais réveillée et je n'ai jamais compris comment ma fille avait pu avoir un pressentiment aussi saisissant. Peut-être était-ce ma mère qui avait eu ce pressentiment, et cet appel, passé alors qu'elle était encore pleine de vie, était-il sa façon de nous dire au revoir à toutes les deux.

Par bien des côtés, Edward me rappelait ma mère. L'un et l'autre affrontaient l'existence avec une joyeuse sérénité d'humeur. Il en fallait beaucoup pour dissiper leur flegme, même si je les avais vus tous deux se mettre en colère lorsqu'ils estimaient qu'on cherchait à m'intimider ou bien qu'on m'exploitait. Ils se ressemblaient aussi à d'autres égards. Ils étaient extrêmement organisés pour ce qui avait trait à la nourriture et à la mort.

Alors que mon frère et moi avions quitté le nid familial, ma mère nous forçait à emporter des bocaux de sa soupe de légumes. Elle mettait sur pied des banquets de famille à Noël et à nos anniversaires. Elle congelait les bouillons, les *biscotti* aux amandes et les quatre-quarts au citron qu'elle confectionnait de A à Z. Et, comme Paula, elle fabriquait des taies d'oreillers et des dessus-de-lit en patchwork avec des bouts de tissu provenant de vieux vêtements.

J'ai honte d'avouer que je renâclais souvent devant les bocaux de soupe et les gâteaux congelés qu'elle m'emballait dans du papier sulfurisé : « Tu pourras les manger plus tard », disait-elle. Je ne voyais dans ces cadeaux qu'une ingérence parentale en cette période où je m'évertuais à être indépendante. Et je m'agaçais aussi quand, plus tard dans la vie, elle cherchait à me confier ses projets concernant son enterrement. Catholique fervente, elle n'avait pas peur de la mort. « J'ai eu une très belle vie », déclara-t-elle, le jour de ses quatre-vingts ans. Deux mois plus tard elle disparaissait.

Quelques années auparavant, mon père et elle avaient acheté une concession sous un chêne, dans un cimetière qui ressemblait à un parc au centre de Toronto. Lors d'une de mes visites, elle m'avait emmenée voir l'endroit où elle reposerait. La messe aurait lieu à St Mary's, l'église qu'elle avait paraît-il fréquentée avec mon père quand ils étaient arrivés du Portugal dans les années cinquante. Elle était heureuse de savoir que mon frère et moi n'aurions pas à nous préoccuper de ses obsèques.

Quand je racontai à Edward cette histoire des préparatifs funèbres de ma mère, il comprit parfaitement et me détailla ses propres dispositions, même s'il respectait désormais son ultime promesse à Paula et n'était plus pressé de mourir.

Edward avait réparti les cendres de Paula dans trois urnes. Il en avait donné deux à ses filles et avait conservé sa part dans un élégant vase Tiffany qu'il gardait dans sa chambre. Il m'expliqua qu'à sa mort il ne voulait pas d'enterrement. Il désirait être incinéré, et que ses cendres soient mélangées à celles de Paula dans un sac en kraft de chez Bloomingdale's, puis dispersées dans Central Park, leur endroit préféré au monde. Il est illégal de répandre des restes humains dans les parcs new-yorkais, mais, avec ce sac en papier, Edward était convaincu de tenir la solution. Qui irait soupçonner ce qu'il renfermait ? Bien qu'athée, Edward croyait tout naturellement qu'il retrouverait Paula et reverrait avec elle leurs coins de prédilection : leurs cendres voltigeraient sur la Grande Pelouse, s'élèveraient autour du château du Belvédère et de ses tourelles, tournoieraient au-dessus du Réservoir et des jardins manucurés de l'East Side.

S'il n'hésita pas à me divulguer ses projets funéraires, il me fit jurer le secret au sujet de ses poèmes. Il voulait également être sûr que je n'avais soufflé mot à personne de notre virée chez Saks. Ce ne fut que des mois plus tard, quand Valerie me vit appliquer une couche d'un rouge à lèvres particulièrement rouge lors d'un de ses séjours à New York, que je compris la véritable malice d'Edward.

« Je vais faire comme si je n'avais rien vu », me dit mon amie. Elle aurait sûrement peu apprécié d'apprendre que j'étais en train de me transformer en *femme fatale**, qui plus est, sous la conduite de son père. La conception qu'Edward avait des femmes était pour elle anachronique, empêtrée dans cette utopie petite-bourgeoise des années cinquante qui voulait que les femmes soient des mères au foyer.

« Il peut se montrer assez tyrannique », avait-elle dit de lui. J'ignorais totalement de quoi elle parlait mais, bien sûr, nous portons tous un regard singulier sur nos parents. Je me souviens que j'avais été estomaquée quand mes amis avaient trouvé les miens progressistes. Jamais je ne les aurais décrits de cette manière. Je les jugeais conservateurs et très stricts avec mon frère et moi.

Edward, tyrannique ? Le père de Valerie était un des hommes les plus éclairés et les plus modernes que je connaissais.

Et Valerie une des femmes les plus accomplies. Elle était brillante, pragmatique et extrêmement déterminée. Après un diplôme universitaire décroché à la fin des années soixante, elle avait commencé sa carrière en frappant à peu près à toutes les portes des maisons d'édition de Manhattan pour réclamer un boulot. Quand j'ai fait sa connaissance, elle avait déjà monté sa propre boîte. Elle m'a offert mon premier job alors que je venais à peine de terminer le lycée.

Elle se plaît encore à rclater notre rencontre initiale. Son associée et elle m'avaient fait passer un test de dactylographie dans le cadre de mon entretien pour un stage. Les bureaux se situaient au-dessus d'un glacier dans une rue du centre de Toronto. Elles m'avaient escortée sur un plancher grinçant jusqu'à une petite pièce, où se trouvaient une table, une chaise et une machine à écrire Selectric IBM. D'après Valerie, j'étais restée trois quarts d'heure dans la pièce avant de ressortir, mes pas résonnant sur le parquet fatigué. Valerie et son associée, occupées sur des épreuves, avaient levé les yeux vers moi.

« Euh, comment on allume la machine ? »

Je n'ai qu'un vague souvenir gêné de la scène, mais, selon Valerie, l'instant avait été décisif. « Vous êtes engagée ! » prétend-elle s'être écriée sur-le-champ, même si je crois en réalité qu'elle m'avait annoncé mon embauche par téléphone quelques jours plus tard.

Je passai mon été à relire des épreuves, tout excitée quand je repérais une faute que les correcteurs expérimentés avaient loupée. « Il y a deux *s* à "dessséché" ! » écrivis-je triomphalement sur un post-it un après-midi. J'épluchais aussi les piles de gros manuscrits qui arrivaient spontanément par la poste dans des enveloppes en kraft et étaient condamnés au rebut. Je parcourais tous les textes avec soin et, au début, je m'en voulais terriblement de les renvoyer dans l'enveloppe timbrée qui les accompagnait. Mais je devins bientôt experte à rédiger la parfaite lettre de refus, trouvant le juste équilibre entre la fermeté et les molles incitations à persévérer. « Merci beaucoup pour votre envoi… Malheureusement, votre ouvrage ne correspond pas à notre ligne éditoriale… Nous vous souhaitons bonne chance… »

Je travaillai deux étés pour Valerie. Durant le deuxième, elle mentionna que ses parents, qui habitaient New York, étaient venus la voir. Elle était tout émue que son père lui ait apporté son potage écossais. Du haut de mes dix-neuf ans, le geste avait dû me paraître à la fois charmant et intrépide car, des décennies plus tard, je m'en souviens encore comme d'un exploit insolite. *Quel genre de personne peut faire ça ?*

m'étais-je étonnée. *Il a apporté de la soupe ? Comment l'a-t-il trimballée de New York à Toronto ? Dans une Thermos ?* Il s'écoulerait vingt-cinq ans avant que je rencontre cet homme quelque peu original mais absolument merveilleux qui transportait de la soupe par-delà les frontières.

Valerie, comme son père, était une incroyable cuisinière. Après avoir quitté l'édition, elle avait acheté une maison de campagne, où elle cultivait elle-même ses légumes et ses herbes aromatiques. En cuisine, elle utilisait des fleurs comestibles, confectionnait des sorbets, expérimentant des recettes à la lavande, au romarin et à l'essence de rose bien avant que ces excentricités ne deviennent à la mode. Des années plus tard, quand je lui confiai que je faisais pousser des blettes mais ne savais pas comment les préparer, elle me suggéra de les cuire à la vapeur puis de les napper de crème fraîche épaisse mélangée à une cuillère à café de moutarde de Dijon et à du pecorino râpé, avant de les mettre à gratiner. Enfin de les servir sur de la polenta, ce que je fais désormais presque chaque fois que je cuisine des blettes.

Mais s'ils présentaient de nombreux points communs, Valerie et Edward avaient souvent des opinions diamétralement opposées, en particulier sur les femmes. Valerie avait les cheveux châtains et l'assurance de sa mère, la haute taille et le talent artistique de son père. Elle portait d'élégants tailleurs Armani, mais elle n'aurait pas bien réagi à l'idée prônée par Edward de « mettre en valeur sa féminité ». Après tout, elle avait semblé consternée par mon rouge à lèvres Dior.

Il était exclu que je parle à Valerie de notre virée chez Saks, tout comme des poèmes que son père envoyait aux revues. En retour, je croyais qu'Edward respecterait notre accord tacite : il était censé garder pour lui ce qui se passait dans ma vie depuis que j'avais emménagé sur Roosevelt Island.

C'étaient là des promesses que nous ne pourrions tenir ni l'un ni l'autre.

7

Bourbon
sans glace
sans tonic
sans citron vert
sec, tout simplement

Un dimanche après-midi, j'arrivai à l'appartement d'Edward avec une livre de calamars provenant de mon marché aux poissons préféré à Newark. Nous savions tous les deux que c'était un prétexte pour lui rendre visite. Je fondis en larmes peu après avoir franchi son seuil.

Il ne sembla pas du tout étonné. « J'aimerais pouvoir faire quelque chose, ma chérie. Mais si je m'en mêle, ce n'en sera que pire pour vous. »

« Frictions, compétition, conflits, impatience et confusion. » Ainsi s'ouvrait mon horoscope ce week-end-là. Puis : « Dans les prochains jours vous subirez un choc. Vous êtes très susceptible dans vos rapports avec autrui, d'où une irritation systématique. Mieux vaudrait éviter toute négociation compliquée. »

Ce dimanche matin-là, mon mari et moi nous nous étions disputés et, afin d'éviter une « négociation compliquée », j'avais pris le New Jersey Transit jusqu'à l'Ironbound, le quartier portugais de Newark, où j'allais régulièrement acheter de la morue salée et de l'huile d'olive – ces nourritures de mon enfance propres à me requinquer. J'emmenais souvent ma fille dans une rôtisserie miteuse de Ferry Street, le genre de boui-boui fréquenté par des flics musclés et des ouvriers du bâtiment, où on faisait griller du poulet et des côtes de porc sur du charbon de bois. Nous repartions avec des vêtements imprégnés d'une odeur de barbecue, mais enchantées de notre festin : poulet délicieusement tendre accompagné de montagnes de frites, et salade vinaigrée réunissant laitue, tomates et énormes rondelles d'oignon cru.

Ce jour-là je me sentis ragaillardie après avoir dégusté du poulet à la table en formica du Ferry Street Barbecue et flâné dans les allées du supermarché portugais voisin, à goûter des olives et des fromages de chèvre et à acheter du chorizo, mais je savais que je ne pouvais pas rester éternellement à Newark. Quand je rentrai à la maison, la bagarre recommença. D'où mon irruption chez Edward avec ma livre de calamars.

Edward alla ranger les encornets au frigo. Puis il m'invita à m'asseoir sur le canapé et, gagnant le vaisselier du salon, il vida équitablement dans deux verres le fond de sa bouteille de bourbon. Il ne s'embêta pas à aller chercher de la glace, du tonic ou du pastis, ni même un peu de citron vert. Il rejoignit le canapé clopin-clopant, haussa les épaules, sourit, et me tendit ma ration.

« Ça vous dit ? »

Question superflue. J'aspirai la chaleur apaisante du breuvage et ne tardai pas à déballer toute l'histoire à Edward. Je lui racontai les horribles disputes, la vaisselle cassée, le repas familial qui avait tellement mal tourné que ma fille avait quitté la table en pleurs pour courir se cacher dans sa chambre.

« Je n'oublierai jamais ce dîner de toute ma vie », avait-elle sangloté. Moi non plus, m'étais-je dit. Mais à présent, sur le canapé d'Edward, je n'arrivais plus à me rappeler quel événement avait été assez terrible pour que des assiettes pleines se soient mises à voler en travers de la table et que du vin rouge soit allé asperger un des murs blancs de la salle à manger. Ces éclaboussures, représentation abstraite plus que pertinente de nos dissensions conjugales, je n'avais pas pris la peine de les nettoyer.

Peut-être étaient-elles le signe que notre mésentente était désormais d'une évidence alarmante. Pour emprunter le terme du dix-neuvième employé par le *New York Times* pour décrire le mal qui affectait les patients de l'ancien asile où nous habitions aujourd'hui, la « mélancolie » faisait rage entre ces murs et n'allait pas manquer de se répandre au-dehors. Peut-être certains amis avaient-ils déjà remarqué le ton sec sur lequel nous nous parlions. Au bureau, Melissa se doutait probablement de la situation. Pourquoi, sinon, gardait-elle un silence respectueux pendant mes coups de téléphone extrêmement embarrassés à mon domicile, ces « conversations » qui entraînaient des hurlements à l'autre bout du fil tandis que, d'une petite voix contrainte, je m'escrimais en vain, au milieu de la salle de rédaction, à désamorcer le drame *du jour**.

Par certains côtés, je m'identifiais à Nellie Bly, la journaliste d'investigation qui s'était fait admettre dans ma maison de fous en 1887 puis avait rédigé une série d'articles pour le *New York World* de Joseph Pulitzer. Après dix jours d'internement à l'hôpital psychiatrique, elle avait pu décrire les repas forcés, composés d'aliments avariés, et les bains glacés que les patientes, après des heures de queue, étaient astreintes à prendre dans l'eau souillée laissée par les autres pensionnaires.

Nellie Bly racontait que les détenues de la prison voisine faisaient même office de filles de salle, et maîtrisaient les patientes en les rouant de coups. Parmi ses observations, consignées dans son livre *10 jours dans un asile* que j'avais lu récemment, la journaliste notait : « Dès mon entrée dans le pavillon des aliénées, je ne cherchai plus à passer pour folle. Je parlais et agissais exactement comme je le faisais dans la vie normale. Pourtant, chose étrange, plus je parlais et agissais rationnellement, plus je passais pour folle. »

D'accord, la situation n'était peut-être pas aussi grave que pour Nellie Bly, mais j'étais comme elle un reporter d'investigation entré *undercover* dans l'Octagon : quand nous y avions emménagé, j'avais prétendu que tout allait bien dans ma vie. Mais plus j'acceptais de regarder la réalité en face et plus je m'affirmais, « plus je passais pour folle ». Quand j'avais osé évoquer le divorce, j'avais été interloquée par la réaction de mon mari. Est-ce que j'étais dingue, était-ce la ménopause ? Avais-je bien pensé à faire des analyses pour ma thyroïde ? Peut-être avais-je besoin d'un psychiatre, d'antidépresseurs ? Et le yoga ? La remarque de Nellie Bly résonnait dans ma tête.

Je ne suis pas sûre d'avoir été très claire en expliquant tout cela à Edward. En ce dimanche après-midi fatidique, je passai beaucoup de temps à pleurer entre deux gorgées de bourbon, consciente de l'incohérence de mes propos. Edward écoutait et, à un moment donné, oubliant que nous avions fini la bouteille, il se leva pour aller remplir nos verres. Je contemplai par les fenêtres de son salon les lumières des immeubles de l'autre côté du fleuve. Il faisait déjà nuit et je savais qu'il était temps de rentrer chez moi. Pourtant, même en prenant congé, j'éprouvais un certain réconfort. J'avais sans doute compris qu'après cette crise Edward serait toujours là pour moi. Tandis qu'il m'escortait jusqu'à l'ascenseur, tenant la porte ouverte de la pointe de sa canne, il lâcha : « On dîne bientôt, d'accord ? »

Quelques jours plus tard, je reçus un appel de Valerie. Son père lui avait tout répété. Elle me dit qu'il était bouleversé, d'autant plus qu'il se sentait impuissant. Apprenant cela, je m'en voulus d'avoir à ce point contrarié Edward. « Il s'inquiète beaucoup pour toi », insista Valerie.

Mais Edward ne me fit jamais part de ses inquiétudes. Il ne s'étendait pas sur ma situation, m'offrait rarement des conseils conjugaux, évitait de se mêler de mes affaires. De temps en temps il soupirait et secouait la tête. « C'est sacrément dommage », disait-il, sachant que j'étais la seule en mesure de régler mes problèmes.

8

Bœuf sauce bordelaise
Pommes de terre sautées au gruyère
Mesclun à la vinaigrette maison
Galette pommes et poires
Malbec

Edward découpait un rôti en très fines tranches avec une précision chirurgicale lorsque je débarquai pour dîner avec une bouteille de malbec argentin. Il jeta un bref coup d'œil sur l'étiquette et, ô surprise, décida que ce vin serait excellent avec le bœuf. Il avait préparé la sauce bordelaise avant mon arrivée, mélangeant quelques cuillerées de sa demi-glace avec du vin, des échalotes et du beurre. Je le vis superposer les minces lamelles de viande sur les assiettes puis verser la sauce par-dessus, en terminant par des rondelles de pommes de terre sautées enrobées de gruyère fondu.

Nous prîmes place à table, et Edward déboucha le malbec. Nous restâmes sans rien dire pendant qu'il servait le vin. Je savais qu'il avait envie de me demander comment les choses se passaient à la maison. Plusieurs semaines s'étaient écoulées depuis notre triste apéritif, et j'avais différé chaque fois qu'Edward appelait pour m'inviter. J'avais peur de lui causer encore plus de souci.

Mais ce soir j'avais d'assez bonnes nouvelles à lui communiquer : mon mari avait fini par accepter une séparation. Le problème, maintenant, c'était que nous ne pouvions résilier notre bail sans de lourdes pénalités financières. Ni l'un ni l'autre n'avions les moyens de quitter l'Octagon avant l'échéance.

Durant les semaines suivantes, nous entreprîmes de délimiter notre territoire dans l'appartement, nous créant des royaumes distincts. Je me barricadais dans une chambre ou m'octroyais un coin du canapé dans le salon, pendant que, de son côté, il accumulait dans son bureau tout un tas de biens jadis communs. Il avait revendiqué des montagnes de livres et de vaisselle, mais aussi nos cocottes importées de France, le téléviseur plasma, et même des boîtes de conserve et des cartons de denrées non périssables. Au début, je m'estimais au-dessus de pareilles mesquineries, mais Melissa m'avait incitée à récupérer les objets que je voulais et, prenant mon courage à deux mains, je m'étais adjugé la cafetière et le grille-pain.

Nous préparions nos repas chacun de notre côté et ne nous trouvions jamais ensemble dans la cuisine. Nous étions parvenus à mettre au point un planning pour passer du temps avec notre fille. Quand il était parti voir sa famille au Canada, j'avais poussé un ouf de soulagement, délivrée d'un poids énorme.

Pendant cet intermède de détente domestique, je devins un paria parmi nos voisins. Je racontai en plaisantant à Edward que j'étais désormais la Hester Prynne de Roosevelt Island, du moins pour la communauté d'émigrés, en majeure partie serbes, que nous fréquentions.

Avant que mon mari et moi ne décidions de nous séparer et de divorcer, on me surnommait affectueusement « l'étrangère » aux soirées entre voisins. Des réunions guindées où les hommes étaient assis à l'écart des femmes, à boire du scotch et de la *rakija* et à entonner des chants lugubres sur l'exil. Beaucoup étaient arrivés à New York comme réfugiés pendant les conflits qui avaient déchiré l'ex-Yougoslavie. Ils avaient décroché des emplois aux Nations unies ou monté de petites entreprises à Manhattan et dans le Queens. Bénéficiaires de logements sociaux, ils formaient une communauté de quelque deux cents familles. Au début, ils nous accueillaient à leurs fêtes et à leurs barbecues parce que mon mari était d'origine serbe et que, avant notre installation à New York, j'avais couvert les Balkans comme correspondante à l'étranger.

Mon mari les avait informés de notre rupture, et dès lors j'aurais aussi bien pu avoir un immense « D » écarlate comme « Divorcée » apposé sur mon dos. Je n'étais plus invitée aux fêtes et certains hommes de la communauté refusaient même de me saluer quand je les croisais dans Main Street. Le coup de grâce était survenu quand une des mères de famille – une ménagère d'une cinquantaine d'années qui ne s'habillait qu'en jogging – avait refusé que sa fille de neuf ans vienne jouer avec la mienne à la maison.

Ce n'était peut-être pas le Boston puritain du dix-septième siècle, mais j'avais été officiellement exclue du ghetto serbe. Roosevelt Island n'en devint que davantage une prison pour moi.

Dans les années quatre-vingt, pour Edward et Paula, Roosevelt Island représentait la liberté, la possibilité de s'évader d'une prison d'un autre genre. Autour de leurs soixante-dix ans, ils s'étaient retrouvés seuls dans un pavillon de banlieue propret de Long Island. Leurs filles étaient parties des années plus tôt et leurs amis leur manquaient, tout comme leurs endroits fétiches à Manhattan. Paula ne conduisait pas et la perspective de vivre leur retraite dans une banlieue dortoir éloignée ne les séduisait ni l'un ni l'autre.

Dans les années soixante-dix, les architectes et les urbanistes dépeignaient Roosevelt Island comme une oasis urbaine où régnait une atmosphère de village. L'île avait été réaménagée en 1969 quand l'État de New York avait confié au légendaire architecte Philip Johnson et à son associé John Burgee le soin de transformer ce qui était à l'époque une colonie pénitentiaire abandonnée en un ensemble résidentiel destiné aux familles à revenus moyens et modestes. Ils avaient conçu des parcs au bord de l'eau et recruté des constructeurs modernistes pour créer de grands appartements dotés de vues spectaculaires sur Manhattan. En 1971, l'île avait été solennellement rebaptisée en hommage à Franklin Delano Roosevelt, même si New York continuait à lui attribuer son surnom moqueur des années vingt, Welfare Island, soit l'Île Providence, car elle accueillait surtout des hôpitaux.

Le sobriquet ne dérangeait pas Paula et Edward. Au moment de leur retour à New York, leurs secteurs favoris près de Washington Square et de Greenwich Village étaient devenus trop chers. L'île semblait une solution de rechange abordable, et ils ne tardèrent pas à adopter un rythme de vie assez plaisant. Empruntant le Roosevelt Island Bridge, Edward allait à pied à Astoria, où il était client d'un petit réseau de commerces alimentaires – un poissonnier qui le prévenait des arrivages d'aloses de l'Hudson River, un boucher qui lui gardait des os de jambon pour ses bouillons. Lorsqu'il voulait aller « en ville », comme les insulaires appelaient Manhattan, il montait dans le téléphérique, puis marchait une bonne soixantaine de blocs pour acheter à Chinatown le canard qu'il aimait mettre dans son cassoulet, ou pour se rendre chez le boucher français de Chelsea qui vendait les meilleures merguez.

Même si Edward et Paula étaient tout à fait au courant de l'histoire de Roosevelt Island, leur nouveau lieu de résidence incarnait pour eux la perspective d'une existence nettement plus gaie. Ils pourraient recommencer à sillonner leur Manhattan tant aimé et passer leurs dernières années ensemble à faire de longues promenades dans Central Park, à dîner de temps en temps à l'Oyster Bar de Grand Central, et à aller au théâtre. En réalité, à la longue, ils finirent par préférer Roosevelt Island, où ils devinrent bientôt célèbres parmi leur cercle d'amis pour leurs dîners élaborés. Tout le monde réclamait à Edward sa fameuse galette aux pommes : dans ses albums de souvenirs, les menus de Thanksgiving écrits à la main qu'il y avait rangés comportaient toujours cette spécialité.

Malgré mes doléances, il persistait à soutenir que le secret était la glace pilée. De la glace pilée, répétait-il. Et du saindoux. Ce soir au dîner, alors que nous avions terminé la galette, Edward se leva de table, ramassa sa canne, qui était calée contre une des chaises, puis quitta la salle à manger pour rejoindre lentement la cuisine. Arrivé au frigo, il ouvrit le freezer, en sortit un cube de saindoux soigneusement emballé dans du papier paraffiné, et me l'offrit avec un grand geste du bras.

« *Voilà** », fit-il.

Je fus profondément touchée car, si ce cadeau d'Edward reflétait son immense gentillesse, il revêtait aussi pour moi un sens très émouvant. Je m'attardai un moment, enfilant sans hâte mon gros manteau et mes bottes. Dehors, la bourrasque semblait se calmer, mais le périple dans le froid jusqu'à mon appartement ne m'enchantait guère. Devant l'ascenseur, Edward m'embrassa en disant simplement : « J'espère que vous êtes heureuse, ma chérie. »

Cheminant tant bien que mal dans la neige fraîchement tombée, je dépassai le jardin communal silencieux puis l'Octagon. Je marchais avec détermination même si je ne savais pas réellement où j'allais, et finis par atteindre la pointe nord de l'île et son phare néogothique, qu'entouraient les eaux tumultueuses de Hell Gate. Bien que construit en 1872 par James Renwick Jr – qui conçut aussi la cathédrale St Patrick –, le phare, selon la légende locale, devait en fait son existence à John McCarthy, un des pensionnaires de l'asile d'aliénés.

Redoutant une invasion britannique, ce dernier entreprit de bâtir un fort, et son zèle impressionna tant ses gardiens qu'ils lui permirent d'achever ce qui devint une structure en argile d'un mètre vingt de hauteur. Peut-être voyaient-ils là une bonne thérapie. Pour moi aussi, les promenades nocturnes jusqu'au phare possédaient des vertus curatives. Comme en maintes occasions précédentes, je me dirigeai vers mon banc habituel, avec sa vue sur Manhattan de l'autre côté du fleuve.

Ce soir, pourtant, il y avait quelque chose de changé.

Il neigeait encore légèrement, mais même les eaux de Hell Gate paraissaient paisibles. J'étais seule sur les berges enneigées du fleuve. Dans le silence juste après la tempête, les lumières de l'Upper East Side et de Harlem avaient l'air plus brillantes. Sans trop savoir pourquoi, je me levai, sortis mon iPhone, mis mes écouteurs et, allant sur iTunes, je cherchai une samba.

Soudain je me retrouvai au milieu des tambours afro-brésiliens. Je me mis à bouger les pieds, avec hésitation d'abord, puis la samba parut tout bonnement *déborder* de mon corps, et je sentis mon âme frétiller, s'agitant dans mon bassin, mon ventre, mes pieds, mes fesses.

Je mourais d'envie d'appeler Edward pour répondre à sa question et lui crier « Oui ! » dans l'appareil. Mais il était tard, et Edward dormait sans doute déjà.

Et puis, de toute façon, il savait. Son « j'espère que vous êtes heureuse, ma chérie » n'avait pas de point d'interrogation. Dans ma tête, la phrase n'avait pas de ponctuation du tout. C'était une affirmation flottante, aussi simple et aussi complexe qu'un sourire.

9

Huîtres Rockefeller
Salade d'avocat, vinaigrette au bleu maison
Tarte au citron
Pinot blanc

Ma transformation ne s'opéra pas du jour au lendemain. Elle fut progressive. Je faisais encore mes promenades solitaires le long de l'East River, mais désormais je branchais un casque sur mon téléphone et j'écoutais de la musique. J'allais à des fêtes, au théâtre. Je courais dix kilomètres par jour. Et je me mis à relire la poésie que j'aimais quand j'étais étudiante.

L'univers est chargé de la grandeur de Dieu.
Elle doit jaillir tels les feux d'une feuille d'or qu'on froisse.
Elle s'amoncelle à force comme l'huile comprimée
Gicle[1].

1. Gerard Manley Hopkins, *Grandeur de Dieu et autres poèmes*, traduit de l'anglais par Jean Mambrino, éditions Arfuyen, 2005.

« La grandeur de Dieu » ? Je ne sais pas si je partageais les convictions religieuses du poète Gerard Manley Hopkins. Si je croyais à quoi que ce soit dans ces années-là, c'était à la grandeur des dîners. Je croyais à la magie d'Edward.

Mon travail aussi me soutenait. À mon arrivée, je ne connaissais pas le monde des tabloïds new-yorkais. Quand mon chef m'ordonna de « partir en chasse », je ne savais absolument pas que j'étais censée rapporter un « article de une ». Je ne comprenais pas non plus quand il m'envoyait à un « frappage de porte », c'est-à-dire me pointer sans prévenir chez quelqu'un pour l'interviewer. Je ne savais pas davantage comment agir quand il aboyait : « Recherchez d'autres quidams. » Mais je n'avais pas tardé à me mettre au pas.

De temps en temps, Melissa et moi nous plaignions amèrement de notre situation professionnelle ; toutes deux journalistes chevronnées approchant de la cinquantaine, nous aurions dû être traitées avec le respect qui va avec l'expérience, or il n'en était rien. Nous nous faisions le plus souvent une raison, vaguement rassurées de voir que personne, au journal, ne bénéficiait du moindre traitement de faveur. Nous cherchions des moyens de rendre nos journées de travail plus supportables.

Nous puisions du réconfort dans notre amour commun de la nourriture, achetant à tour de rôle les croissants énormes, moelleux et pleins de beurre chez Petrossian quand nous devions assurer une planque. Si nous étions en reportage à Flushing, dans le Queens, nous donnions rendez-vous à nos « sources » chez Joe's Shanghai, histoire de pouvoir commander leurs raviolis vapeur – des boulettes de porc délicatement enfermées dans de petites aumônières de pâte blanche fumantes. Si nous enquêtions dans les parages de Westchester, nous nous procurions des sandwichs au thon dans un *delicatessen* qui les préparait sur de grosses tranches d'un pain de seigle frais bien croustillant, avec de la laitue iceberg finement hachée et des rondelles de tomate. Ce sandwich au thon ne ressemblait à aucun sandwich au thon qu'il m'ait été donné de goûter, et je ne saurais dire s'il était réellement délicieux ou si la nourriture avait simplement meilleur goût en dehors de la salle de rédaction. Il n'était pas rare, au journal, que nous avalions nos trois repas sur un bureau encombré de documents, documents qui, dans mon cas, s'assortissaient de miettes, de sachets de ketchup en perdition et de vieux gobelets de café.

Le bureau de Melissa était, sinon impeccable, du moins mieux rangé et indéniablement plus propre que le mien. Elle avait toujours près de son ordinateur un flacon de gel antiseptique, et se désinfectait les mains plusieurs fois par jour. Dans la petite cuisine de la salle de rédaction, il y avait une trousse de premiers secours où elle chipait des lingettes alcoolisées pour essuyer son téléphone. Elle l'astiquait ainsi quand par hasard je le lui avais emprunté et que j'avais eu le malheur de tousser.

Nous étions toutes les deux très dévouées à notre boulot. La première fois que nous avions eu un scoop, c'était avec un article de une sur des politiciens véreux du Queens. Notre papier avait déclenché de multiples enquêtes fédérales et, comme dans *Les Hommes du président,* nos boss s'étaient mis à nous appeler « Klincent » – l'alliance de nos patronymes,

Klein et Vincent. Bob Woodward et Carl Bernstein, les journalistes du *Washington Post* qui avaient fait tomber le président Richard Nixon avec leurs reportages sur le Watergate, étaient connus dans leur rédaction sous le surnom de « Woodstein » et travaillaient presque toujours en tandem.

Je disais souvent en plaisantant à Melissa qu'elle était l'équivalent féminin de Bob Woodward : grande et patricienne, avec un bureau bien en ordre et des dossiers bien classés, façon Robert Redford dans le film. Comme Bob Woodward, c'était aussi toujours elle qui conduisait, une Honda plus toute jeune mais parfaitement entretenue. Bien entendu, elle me comparait à Carl Bernstein, que jouait un jeune Dustin Hoffman débraillé : torturée, bordélique, pleine d'idées d'articles extravagantes, je mettais sa patience à rude épreuve.

Après une dure journée de travail, il était réconfortant de savoir qu'au moins une fois par semaine m'attendaient Edward et son dîner. Aujourd'hui, chaque fois que je décris ma vie sur Roosevelt Island, j'en parle comme de la pire période de mon existence. Mais je mentirais si je n'avouais pas que c'était en même temps la meilleure. Et ce grâce à Edward.

Un soir, à mon arrivée, il était en train de préparer des huîtres Rockefeller.

« Qu'est-ce qu'on fête ? » demandai-je.

Il était occupé à disposer les huîtres sur un plat à four et les recouvrait d'un mélange d'épinards et de miettes de pain sautées au beurre et au Pernod.

« Pas besoin de prétexte, répondit-il, la légère inflexion dans sa voix indiquant que ma question était idiote. Paula et moi n'avions jamais besoin de prétexte, poursuivit-il. Nous n'échangions jamais de cadeaux, d'ailleurs, vu que chaque journée ensemble en était un. »

J'imaginais qu'Edward avait vécu une sorte de conte de fées avec Paula – une relation tellement rare et fabuleuse que je ne risquais pas d'en connaître une semblable, ni personne autour de moi. De prime abord, on pouvait trouver cette alliance saugrenue. Edward était un garçon du Sud, issu d'une famille pauvre mais respectable, et Paula une intellectuelle juive plutôt urbaine de Philadelphie, de cinq ans son aînée. Il n'empêche que le coup de foudre avait été réciproque : Paula et lui s'étaient rencontrés en 1940 dans un théâtre de Greenwich Village. Aspirants acteurs, ils espéraient décrocher un rôle chez les Provincetown Players.

Le théâtre de la troupe, sis dans un immeuble en grès brun de MacDougal Street, avait été créé en 1916 par certains des fondateurs qui avaient monté la compagnie au cours de leurs vacances d'été à Provincetown, dans le Massachusetts. Parmi les premiers membres figuraient Eugene O'Neill et le poète journaliste John Reed. Si le groupe initial s'était en grande partie dispersé en 1929, le théâtre était toujours connu pour ses productions indépendantes expérimentales quand Edward avait frappé à sa porte. Mais il était évident que le jeune homme n'avait pas que sa carrière d'acteur en tête : lors de cette première audition, son public se réduisait à une seule personne – la comédienne de grande taille aux yeux marron qu'il avait repérée en entrant dans le hall…

Paula était venue à New York pour être actrice, même si son travail dans la journée consistait à peindre des bijoux de pacotille dans une fabrique. Elle adorait jouer la comédie, à la scène comme à la ville. Elle raffolait des farces. Tantôt elle racontait aux gens qu'elle était fille de missionnaires et avait grandi en Chine, tantôt elle se disait agent secret.

Edward rêvait lui aussi de théâtre. À dix-neuf ans, il était arrivé à New York par une journée caniculaire de la fin août, courbatu et en nage : dans la voiture qui l'amenait de Nashville, il avait voyagé sur la banquette arrière en sandwich entre deux costauds figés comme des statues. Des années plus tard, lorsqu'il me fit le récit de ses deux jours de voyage, il se rappelait encore sa traversée « sidérée » du Holland Tunnel, à tapoter sa poche de veste : il y avait caché l'enveloppe contenant la lettre de recommandation et les douze dollars – environ deux cents dollars d'aujourd'hui – que lui avait remis sa prof de théâtre du lycée. Dans la lettre, elle vantait la qualité de son jeu dans la production scolaire de *La mort prend des vacances*. Quant à l'argent, elle le lui avait offert pour favoriser sa nouvelle vie dans la Grande Ville.

Edward était bien résolu à devenir acteur dans une métropole qui, à l'époque, passait encore pour étrangère et exotique aux yeux de beaucoup des habitants du Sud, une Babel américaine. « Tout ce que nous savions de New York en ce temps-là, c'était qu'il y avait là-bas des gens du monde entier qui parlaient tous des langues différentes, m'expliqua-t-il. Il aurait aussi bien pu s'agir d'un autre pays. »

La mère d'Edward avait fait le nécessaire pour que son fils soit hébergé par quelqu'un avec qui elle avait jadis travaillé dans le Sud. L'homme s'appelait John, un émigré allemand domicilié à l'angle d'University

Place et de la 8e Rue. Edward sonna à sa porte à minuit et demi le soir de son arrivée mais, n'obtenant pas de réponse, il décida d'aller se réfugier dans le hall du Lafayette Hotel voisin. Là-bas, ni une ni deux, il s'endormit dans un fauteuil pour se réveiller au point du jour.

Edward retourna chez John, et cette fois l'homme maigre et nerveux au teint rubicond ouvrit la porte. Au bout d'un mois passé à squatter son divan, Edward se dégota finalement un appartement au premier étage d'un immeuble de MacDougal Street où il devait servir de concierge. Cette fonction lui permettait de ne pas payer de loyer et d'aménager ses horaires. Désormais, il aurait ses journées libres pour travailler avec de *vrais* acteurs. C'est donc lors de ce premier jour au Provincetown qu'il fit la connaissance de la femme de ses rêves.

Pour leur premier rendez-vous, Edward, désireux d'impressionner Paula, partit en quête d'une bouteille de vin. Ne pouvant s'offrir le cru français que suggérait le vendeur, il se rabattit sur « le vin doux des clodos du Bowery ». Il n'avait pas de verres adéquats ; par cette soirée romantique, ils trinquèrent avec des tasses à café.

« Je lui ai demandé si elle voulait dormir là, et elle a dit oui », me raconta Edward d'un ton neutre. Face à mon expression faussement choquée, il expliqua : « J'avais deux lits, mais, par le diable, je n'allais pas la laisser dormir seule, alors je me suis glissé à côté d'elle. » Ils devinrent bientôt inséparables, à planifier avec passion leur vie ensemble autour des plats chinois à cinquante *cents* du Dragon Inn dans le Village, ou à la faveur de longues promenades dans Central Park.

Quelques mois plus tard, lorsqu'ils décidèrent de tenter leur chance à Hollywood, Paula insista pour qu'il fasse d'elle une femme honnête avant de partir. « Nous avions l'intention de nous marier à l'hôtel de ville mais, quand nous avons voulu retirer le certificat de non-opposition, les bureaucrates ont vu que l'extrait de naissance de Paula mentionnait "Pearl" comme prénom et ils ont refusé de nous le délivrer : pour eux, ce n'était pas la même personne. » Ainsi, la veille de leur départ pour la côte Ouest, Edward et Paula avaient-ils erré d'église en église dans Manhattan, espérant convaincre un prêtre de les unir sans délai. Le pasteur de Trinity Church dans le bas de Manhattan accepta, mais pourraient-ils revenir dans un mois ? Edward prit la main de Paula et tous deux regagnèrent le Village, bien décidés à se marier l'après-midi même.

La cérémonie eut lieu à l'église épiscopale méthodiste de Washington Square sur la 4e Rue Ouest, en face du parc et tout près du théâtre des Provincetown Players où ils s'étaient rencontrés.

« Le 8 novembre 1941, Paula et Edward se sont mariés dans cette église », indiquait, dans l'album de souvenirs d'Edward, la fiche jointe à la photo de journal jaunie montrant l'édifice de Washington Square. Leur ami Lenny Black avait servi de témoin. Avant la cérémonie, alors qu'il attendait avec Paula et Lenny sur le perron, Edward s'inquiétait de combien il allait pouvoir payer le pasteur pour célébrer l'office. Confus, il demanda à l'ecclésiastique s'il se satisferait de deux dollars.

« Je me satisferai de ce que vous voudrez bien me donner », affirma le pasteur, qui ne posa aucune question au jeune couple.

Quelques minutes après, les accords de la *Marche nuptiale* de Mendelssohn retentissaient dans la nef néoromane. « Paula et moi avons pleuré tous les deux, peut-être de soulagement », avait écrit Edward sur la fiche commentant l'unique photo de leur mariage. Paula et Edward sont aussi radieux l'un que l'autre sur ce cliché en noir et blanc. Edward avait revêtu son unique costume. Paula portait une robe à basques ajustée en tissu écossais qui lui arrivait au genou. Elle l'avait empruntée à son amie Mitzi. « Elle était rouge », précisa Edward.

Plus tard ce jour-là, en route pour la Californie, ils firent escale à Philadelphie pour rendre visite aux parents de Paula. Puis, avec son ami Mac, Lenny les embarqua dans sa Dodge déglinguée. Pour la première étape de leur voyage vers la côte Ouest, ils s'arrêtèrent à Front Royal au pied des Blue Ridge Mountains. Dans leur modeste gîte, les quatre aventuriers partagèrent une chambre pourvue de deux grands lits.

« Je lui ai fait l'amour, dit Edward, souriant au souvenir de sa nuit de noces pas vraiment intime. Je ne sais pas ce qu'ont fait Lenny et Mac, mais moi j'étais trop impatient de faire l'amour à Paula. »

Ses yeux bleu-gris embués de larmes naissantes, il demeura pensif quelques secondes puis se remit à préparer les huîtres. « Elle a fait fondre mon cœur. Le paradis, c'était Paula et moi. »

Nous nous assîmes pour déguster les huîtres Rockefeller d'Edward – leur garniture verdoyante blottie dans le creux des coquilles dentelées – et, déplaçant la bouteille de vin, je tendis la main par-dessus la corbeille à pain pour presser la sienne.

Je pensais avoir trouvé le paradis, moi aussi. C'était sur l'ancienne route de Constantinople entre Belgrade et Pristina, alors que je me dirigeais vers le Kosovo, des semaines avant les bombardements de l'Otan sur l'ex-Yougoslavie. Mon compagnon – l'homme qui allait devenir mon mari – était photographe de guerre, aussi accro que moi à la montée d'adrénaline, cette excitation mêlée de terreur absolue qu'on éprouve quand on essaie de franchir un poste de contrôle sans autre secours qu'un peu de charme et un paquet de Marlboro.

Nous roulions dans une Hyundai de location bringuebalante, tellement absorbés l'un par l'autre que nous semblions ignorer le danger, alors même que notre voiture prenait feu aux abords de la capitale du Kosovo. À Pristina, les merles chantaient la nuit au milieu du crépitement des tirs d'artillerie, et les malfrats basanés en blousons de cuir noir grouillaient au bar du Grand Hôtel, que baignait en permanence un nuage de fumée. Je suis persuadée que notre fille a été conçue dans une des suites de luxe de cet établissement, où les murs étaient criblés de trous de mitraille et les sols jonchés des mégots des clients précédents.

Quand les bombes de l'Otan commencèrent à pleuvoir sur la Serbie au printemps 1999, j'étais trop enceinte pour voyager. Soucieux de protéger le bébé, nous décrétâmes que nous en avions soupé des conflits internationaux. Mais une existence normale avec jardin derrière la maison, virées au magasin de bricolage et barbecues en famille n'était décidément pas faite pour nous. Nous ne tenions pas en place et, par un jour venteux de février, alors que ma fille avait huit ans, nous nous retrouvâmes en train de pénétrer dans le Holland Tunnel.

Comme Edward plus d'un demi-siècle avant, je traversai ce tunnel, éberluée. J'étais bien décidée à faire mon trou comme reporter d'investigation à New York, ville que j'adorais depuis mes passions adolescentes pour Woody Allen et Scott Fitzgerald. J'avais rêvé de travailler dans un quotidien new-yorkais, m'imaginant déjà en Hildy Johnson, cette journaliste star aussi chic que grande gueule qui donnait la réplique à son boss Cary Grant dans *La Dame du vendredi*.

C'est en tout cas ainsi que je voyais le tableau. Je ne soupçonnais pas que le boulot serait aussi dur ni que cette fonction de reporter au *New York Post* exigerait de tels sacrifices. Si, dans le cadre de mon métier, rechercher la vérité ne me fait pas peur, il n'en va pas de même dans ma vie personnelle. Je réfléchis toujours après coup, mais en l'occurrence je ne crois pas avoir réfléchi du tout. À vrai dire, lorsque je me retrouvai à débiter machinalement des « Je le veux » et autres « oui » à la mairie de Toronto, la décision était purement administrative. Pour pouvoir résider à New York, nous devions tous voyager avec mon visa d'immigration – un « O » chichement accordé aux étrangers et faisant référence à la clause 101 (O) (i) de l'Immigration and Nationality Act, qui permet aux

« étrangers dotés d'aptitudes extraordinaires » d'être admis aux États-Unis. Le service d'immigration et de naturalisation refusant de reconnaître notre concubinage, la seule solution était le mariage.

Voilà comment je me retrouvai par une froide journée grise de février au Bureau des mariages en train de réciter mes vœux, alors même que les indices de catastrophe imminente étaient partout. J'avais mis du noir pour la circonstance, et le marié, que je croyais simplement nerveux, avait affiché un petit sourire narquois durant toute la cérémonie. Plus tard, il m'avoua qu'il avait l'impression que sa vie était foutue. Peut-être s'était-il senti subitement pris au piège, contraint de mettre un terme à son existence vagabonde de photoreporter. M'étais-je effondrée de chagrin en apprenant cela ? Je ne parviens pas à m'en souvenir. Je crois que je m'étais contentée de hausser les épaules et de foncer comme un bulldozer.

En fin de compte, le mariage avait bel et bien tué notre couple. C'est un phénomène classique.

Des années plus tôt, contre l'avis de tout mon entourage ou presque, j'avais épousé civilement mon petit ami de fac.

C'était un étudiant en lettres du Midwest dont je chéris encore la pureté d'esprit et les manières sérieuses. L'idée de cette union venait de moi. Son visa d'étudiant arrivait à expiration et le mariage était la seule façon pour lui de rester au Canada. Le jour de mes vingt-deux ans – encore une journée grise et glaciale de février –, nous échangeâmes nos vœux avant d'aller dans un pub du quartier regarder la finale de la Coupe de l'America. C'était un dingue de voile et il ne voulait à aucun prix manquer l'arrivée de la course. Pour notre lune de miel, nous allâmes à Québec, où je me fis mordre par un chien errant. Je passai mes premières semaines de jeune épousée à subir une série de vaccins contre la rage.

Cette union prit fin quelques années plus tard, sous d'aussi curieux auspices qu'elle avait commencé, dans un bureau gouvernemental à Rio de Janeiro, où nous travaillions à ce moment-là comme correspondants à l'étranger. Nous nous présentâmes tous deux au consulat du Canada, une tour avec une vue époustouflante sur l'océan et la plage de Copacabana. Nous signâmes notre accord de séparation sous un drapeau canadien et une photographie de Sa Majesté la reine Elizabeth II en robe de dentelle, l'air sombre sous sa tiare en diamant. Peut-être était-ce mon imagination, mais je crus déceler une pointe de réprobation dans son rictus.

Edward sourit quand, beurrant un morceau de baguette et enfournant une pleine fourchette de sa délicieuse salade d'avocat, je lui racontai ce premier mariage et ce premier divorce. J'étais soulagée. Cette histoire, je l'avais confiée à peu de gens, redoutant leur jugement, gênée d'avoir traité pareille institution comme une commodité juridique et non comme une union magique fondée sur l'amour. Edward me prit cependant au dépourvu en se lançant dans un discours sur le sens de l'amour. Ce n'était pas la première fois ; il m'avait déjà expliqué qu'il ne fallait jamais oublier que l'amour romantique était un échange pragmatique, un accord transactionnel, et qu'il était exceptionnel que l'attirance dure.

« L'attirance, c'est le commencement, mais qui peut prédire où elle mènera ? Ou quand elle cessera ?

insista-t-il. En fait, ces questions tellement élémentaires, nous nous les posons rarement, sinon jamais. »

« Les besoins de la vie ont répondu aux besoins de la vie », avait-il écrit dans un poème qu'il m'avait envoyé, où il parlait de la première fois qu'il avait vu Paula. Il répéta cette phrase et poursuivit :

« Donnez une part de vous-même, sans vous donner vous-même. »

J'opposai à Edward qu'il n'était pas totalement honnête quant au caractère pragmatique de l'attirance. Je lui rappelai qu'à d'autres occasions, après un whisky et quelques verres de vin, l'amour prenait parfois un sens plus pressant, empreint de passion, et même de désespoir.

« Y a-t-il quelqu'un qui se tiendra nu avec vous sous la douche pour vous serrer dans ses bras et vous réconforter ? avait-il un jour chuchoté d'une voix rauque, ses mots se bousculant. Si on ne peut pas faire ça avec la personne avec qui on est, alors on n'est pas vraiment amoureux. »

En vérité, Edward s'employait à définir l'amour. Je n'ai jamais compris s'il faisait cela pour moi, ou s'il tâchait d'élucider la relation très singulière qu'il avait eue avec Paula. Tous les matins, en prenant son café, ses œufs brouillés et ses toasts que recouvrait une épaisse couche de beurre et de confiture d'abricots, Edward parcourait quelques pages du dictionnaire. Il procédait par ordre alphabétique, cherchant des mots qui pourraient compléter son anthologie de l'amour. Il avait commencé par « admiration », était passé à « adoration » et, la dernière fois que j'avais vérifié, il n'avait pas franchi le cap des *c* – « cajoler » et « chérir ».

« On commet une erreur si on n'essaie pas de comprendre ce qu'est l'amour, disait-il à présent en servant la *tarte au citron**, effrontément acidulée, avec une note de sucre dans sa garniture d'une légèreté aérienne. Si on se donne à quelqu'un sans éclaircir le mystère, on ne demande qu'à être un esclave. »

Quelques jours plus tard, je trouvai dans ma boîte une lettre de quatre pages. « Qu'est-ce que l'amour ? Comme la majorité d'entre nous, vous avez peiné à fournir une réponse, pour la raison très simple que nous tentons rarement de définir le phénomène, encore moins de le comprendre, écrivait Edward. L'amour, c'est être, ce n'est pas appartenir. Donner et recevoir, pas posséder. »

Je ne suis pas sûre d'avoir pleinement saisi ce qu'il m'expliquait là. N'empêche, il y avait quelque chose de beau dans cet entêtement d'Edward à explorer le sens de l'amour.

La veille du Nouvel An, j'avais enfin récupéré ma robe de chez Saks à la consigne de mon immeuble. J'étais invitée à une fête où j'irais non accompagnée. Mais alors que j'enfilais ma tenue, je me sentis soudain toute bête, à deux doigts de renoncer. Je fus tentée de carillonner le Nouvel An en solitaire, pelotonnée sur le canapé avec un bouquin, ou devant la télé à regarder la foule guetter la descente de la boule lumineuse à Times Square.

Je fis un saut chez Edward, histoire de lui faire admirer la robe qu'il avait choisie. La porte était entrebâillée, et j'entrai. Edward paraissait fatigué, avachi dans un fauteuil du salon. Il était à peine plus de huit heures, mais il était manifestement épuisé. Dans l'appartement régnait un silence inhabituel : les enceintes du salon ne diffusaient pas de jazz, pas plus que ces joyeuses chansons françaises qu'il aimait fredonner en même temps et dont il estropiait les paroles, n'ayant jamais appris la langue. On n'entendait que le hurlement sinistre du vent derrière les fenêtres.

Mon arrivée sembla néanmoins le faire réagir, et il était tout feu tout flamme quand je retirai mon manteau.

« Tournez-vous ! » m'ordonna-t-il, et il me guida vers le mur-miroir de sa salle à manger. Il commença par m'expliquer que mes boucles d'oreilles n'allaient pas du tout. Puis il s'avoua chiffonné par ma coiffure. « Du côté gauche vous devez les mettre derrière l'oreille, et du côté droit les laisser pendre sur votre joue. » Il arrangea mes cheveux pour leur donner l'aspect voulu. « Et ne passez pas votre temps à les dégager. »

Il m'examina de la tête aux pieds, me demanda d'enlever ma montre – « Elle attire trop l'œil » –, puis empoigna sa canne et partit en claudiquant dans sa chambre fourrager dans l'ancien coffret à bijoux de Paula. Il revint quelques minutes plus tard avec un collier, un gros ras-de-cou en émail marron qui était, paraît-il, un des préférés de Paula.

« Bon. » Il recula pour me jauger. « Vous êtes à tomber ! »

Je me plantai devant le miroir. Le collier était effectivement parfait, la coiffure, au cheveu près, telle qu'Edward l'avait exigée, et même le rouge à lèvres Dior, que j'avais appliqué avant de venir, avait à mes yeux une apparence naturelle. Je commençais à me reconnaître dans cette nouvelle femme que j'étais devenue.

J'aperçus Edward derrière moi. Il admirait son œuvre, son Eliza Doolittle enfin transformée en véritable lady.

« Vous savez, Edward, déclarai-je, m'adressant à son reflet dans la glace. Un jour, j'espère avoir la chance de rencontrer un homme comme vous. »

Edward eut l'air surpris et rougit soudain sans savoir quoi répondre. Nos yeux se croisèrent dans la glace. Il y eut un long silence. « Je ne voudrais pas que vous soyez en retard à votre soirée », lâcha-t-il finalement. Lentement, il m'aida à enfiler mon manteau, récupéra sa canne et m'accompagna sans mot dire jusqu'à l'ascenseur.

« Bonne année ! lançai-je, alors que les portes s'ouvraient.

— Allez, confiance, petite. Vous êtes bourrée d'atouts. Bourrée de talents. Vous allez voir… » Il se tut, tendit la main pour me lisser les cheveux. « Vous allez leur en mettre plein la vue. »

10

Morue poêlée sur lit d'épinards vapeur
Tomates fraîches au pesto maison
Caramels à la fleur de sel
Café turc
Pinot grigio

Edward posa sur la table les caramels à la fleur de sel avec un grand geste.

« C'est Megan qui me les a envoyés », précisa-t-il, me lorgnant d'un œil insistant pour s'assurer que j'avais bien compris.

Nous venions de terminer un repas tout simple, selon les critères d'Edward : la morue fraîche légèrement revenue dans l'huile d'olive et arrosée d'une larme de vin blanc, posée sur un lit d'épinards vapeur et accompagnée des rondelles de tomates assaisonnées au pesto maison très riche en pignons d'Edward.

Ella Fitzgerald chantait en fond sonore : « *Oh, the shark has pretty teeth, dear ; And he shows them pearly white...* »

Il y avait encore une demi-bouteille de pinot grigio sur la table, et il tenait maintenant à ce que je goûte les caramels de Megan. Ils étaient « artisanaux », chacun élégamment enveloppé dans de la cellophane argentée. Il venait de les recevoir par la poste.

OK mais, bon sang, qui est Megan ?

Edward me jeta un regard malicieux. « Vous savez, vous n'êtes pas la seule femme à qui j'écrive », dit-il, avec un clin d'œil.

Je n'en revenais pas. Se pouvait-il qu'il soit un rien jaloux ? Se sentait-il négligé parce que je n'avais pas pu venir aussi souvent ces derniers temps ? J'avais été débordée de travail, et accaparée par la recherche d'un appartement. Le bail de Roosevelt Island avait fini par expirer et j'étais tout excitée de retourner à Manhattan de l'autre côté du fleuve. Bien sûr, cela signifiait aussi que je verrais moins Edward.

Alors peut-être était-ce moi qui étais jalouse. Je savais qu'Edward avait d'autres amies, mais je croyais qu'elles étaient toutes en couple – des voisines, pour la plupart, qu'il connaissait depuis des années.

Megan était extérieure au cercle. Pourtant, il m'avait sûrement raconté où il l'avait rencontrée, et pourquoi ils correspondaient. Peut-être avais-je été tellement absorbée par mon déménagement, à trier les déchets de mon mariage, à faire des cartons tous les jours avant et après le boulot, que je n'avais pas fait très attention. Soudain je me souvins que Megan était graphiste, qu'elle avait la trentaine. Il ne faisait aucun doute qu'elle trouvait Edward charmant.

Comme tout le monde. Edward ne manquait pas de fans. Il y avait Tad, l'architecte, qui habitait Roosevelt Island. Ils étaient devenus tellement proches qu'Edward l'avait décrit un jour comme le fils qu'il n'avait jamais eu. Edward l'appelait « mon chéri », titre qu'il donnait à tous ses vrais amis, en le féminisant pour les femmes. Il lui avait appris à écailler les huîtres. Chaque fois qu'il voyait Tad, un homme entre deux âges à la calvitie distinguée, doté d'un tempérament joyeux et d'une éternelle barbe naissante, il l'embrassait sur les deux joues.

« Rappelle-moi de t'apprendre à te raser, Tad ! » avait-il lancé dans la petite galerie communautaire que Tad dirigeait sur Roosevelt Island. Edward m'y avait emmenée pour me montrer fièrement sa propre sculpture – une installation fantaisiste fabriquée avec des boîtes à œufs et des cintres en fil de fer et qui figurait l'ADN humain.

« C'est juste un truc marrant, histoire de vous faire rire », m'avait-il précisé.

Dans cette même galerie, lors d'un autre vernissage, je fus présentée à un couple. Edward embrassa les deux hommes avec chaleur. Vêtu d'une chemise blanche à boutons de manchette, il arborait une cravate en tartan constituée d'un ruban récupéré sur un cadeau de Noël. Il portait un blazer bleu et des richelieus marron astiqués avec soin.

« Edward va être notre témoin ! » se gargarisa un des hommes. Ils devaient convoler à St Mark's Church à l'automne. Je n'étais pas étonnée que ce gentleman du Sud de quatre-vingt-treize ans se prépare à jouer un rôle important dans un des premiers mariages gays de l'histoire de l'État de New York.

Pas plus que je n'étais étonnée par les gens qu'Edward commençait à convier à nos dîners, transformant son appartement en salon artistico-littéraire. Il avait indubitablement repris le dessus, trouvant la volonté non seulement de survivre à Paula, mais de se régaler à recevoir. Dans ces cas-là, il me réquisitionnait pour jouer les seconds : c'étaient les seules fois où il m'autorisait à lui donner un coup de main en cuisine.

« Vous ne dressez pas comme il faut », me grondait-il, alors que j'arrangeais la laitue sur les assiettes à salade individuelles puis versais dessus sa vinaigrette maison.

Comme d'habitude, des invités éclectiques sinon mal assortis se réunissaient autour de la table de salle à manger en chêne. Il y avait là l'artiste tchèque de soixante-six ans à la queue-de-cheval poivre et sel et sa femme américaine productrice de télé, qui avait environ vingt ans de moins, des cheveux longs noirs et raides et un jean moulant. L'artiste avait fui l'oppression du régime pour s'installer à New York dans les années soixante-dix. Lors d'un dîner, il nous avait raconté qu'il avait passé plusieurs années à enquêter dans les sex-clubs en vue d'un projet artistique. Pendant l'assemblée générale des Nations unies, qui avait eu lieu quelques jours avant, il avait assisté à une manifestation où le président tchèque avait empoigné le cul de sa femme au cours de la séance de photos.

Tout le monde avait ri, sauf le couple albanais assis à côté de lui. C'étaient des immigrants du Monténégro, arrivés aux États-Unis avec une vague de réfugiés après les bombardements de l'OTAN sur l'ex-Yougoslavie en 1999. Ils habitaient sur l'île, entourés de voisins serbes. Ils disaient ne pas se sentir à l'aise parmi eux, comme si cet horrible nationalisme serbe qui avait alimenté des années de conflit dans les Balkans les avait suivis à New York.

Et puis il y avait le dentiste à l'accent de Long Island, qui possédait jadis le cabinet pour enfants au rez-de-chaussée, et qui, avec sa femme, habitait encore un appartement dans l'immeuble. Edward se sentait souvent poussé à les inviter lorsqu'il les croisait dans l'ascenseur, le hall ou bien à la piscine.

Un soir, l'artiste tchèque nous avait avoué avoir pleuré la première fois qu'il avait dîné chez Edward. Peut-être était-ce la côte de bœuf ou le soufflé au Grand Marnier, toujours est-il qu'au moment où son hôte avait découpé la viande l'artiste s'était trouvé submergé de gratitude : il était stupéfait qu'un monsieur de l'âge d'Edward se montre si généreux et consacre tellement de temps et d'effort à préparer un repas.

« J'adore recevoir », avait répondu simplement Edward.

Ce soir, tandis que nous savourions les caramels à la fleur de sel de Megan, je me rendais compte que je n'étais pas la seule femme dans sa vie à lui être attachée. Il y avait sa voisine d'à côté, Suzanne, une modiste, propriétaire d'une boutique chic sur Madison Avenue, qui était régulièrement conviée à dîner. Elle venait souvent avec Rita, une graphiste. Rita était la femme de Tad et elle venait parfois sans son mari. Parlant avec une pointe d'accent exotique anglais, elle arrivait avec de délicieux chocolats, des boîtes de macarons ou des fleurs pour Edward. Elle avait une coupe de cheveux à la Louise Brooks et portait de préférence d'immenses chemises en lin blanc impeccables et d'énormes bijoux. Elle se dirigeait droit vers le freezer pour prendre le martini qui l'y attendait toujours lorsqu'elle venait dîner. Elle versait le cocktail bien froid dans le verre glacé qu'Edward lui avait mis de côté.

« Oh, Edward, c'est parfait », disait-elle chaque fois. Dégustant son martini, elle jetait un coup d'œil sous les couvercles des casseroles qui mijotaient sur la cuisinière. « Et qu'est-ce que vous nous avez préparé de bon ce soir, Edward ? »

Tous les ans, Edward et Paula passaient Thanksgiving avec Rita et Tad. Ils considéraient les deux enfants du couple comme leurs petits-enfants. Quand Eliza, la fille de Rita et Tad, était morte brutalement d'une rupture d'anévrisme dans sa chambre d'étudiante à la fac, Edward avait été anéanti. Des années après le drame, il ne pouvait toujours pas évoquer sa disparition sans sangloter.

Je pensais à toutes les autres vies qu'Edward avait influencées, des gens qu'il avait rencontrés semble-t-il par hasard – en attendant le métro de la ligne F, dans un magasin de chaussures *midtown*, chez son boucher de quartier, ou même dans une chambre d'hôpital après une petite intervention chirurgicale de routine. Edward s'intéressait aux autres et il avait le don extraordinaire de susciter les confidences les plus intimes de presque tous ceux qu'il croisait. Quand je quittai Roosevelt Island, je ne pouvais plus passer à l'improviste, et les récits d'Edward me manquaient. Un soir, Edward me rapporta l'histoire de sa voisine irlandaise, une autre Megan, qui lui avait avoué chez le boucher avoir volé un shilling à six ans quand elle vivait dans la misère en Irlande. Ils étaient en train de discuter des *Cendres d'Angela*, et Megan expliquait à Edward à quel point le livre de Frank McCourt était réaliste.

« Un jour, quand j'étais petite, j'étais allée seule à l'église, raconta-t-elle à Edward. J'étais assise sur un banc au milieu et une dame que je connaissais est entrée et a marché jusqu'à l'autel. » Megan décrivit ensuite comment la dame s'était agenouillée pour prier puis avait allumé un cierge avant de déposer une obole dans le tronc. Mais la dame n'avait pas vu que sa pièce avait raté la fente. « Je l'ai regardée tomber par terre. Elle a roulé, roulé, roulé, puis elle s'est arrêtée. » Megan l'avait ramassée.

« Vous l'avez mise dans le tronc pour la dame ? » demanda Edward.

Dans ce qui avait tout l'air d'une confession capitale quelque cinquante ans après les faits, Megan, au bord des larmes, admit devant Edward qu'elle avait empoché l'argent et qu'elle l'avait utilisé pour acheter une miche de pain. « Depuis, je n'ai jamais cessé de me sentir coupable. »

Edward lui demanda alors si elle était catholique.

« À l'époque, je l'étais, répondit Megan. Je ne suis plus grand-chose aujourd'hui. »

Edward n'était pas d'accord avec elle. Elle était encore « sous l'influence » de cette religion, mais « d'une manière bénéfique et positive ».

« Sous l'influence, oui, acquiesça-t-elle. Cette définition me plaît bien. »

Edward avait été tellement ému par sa rencontre avec Megan qu'il avait couché son histoire sur le papier. Lorsqu'elle lui avait paru assez fignolée, il avait demandé à Valerie de la taper.

Edward disait qu'écrire sur les personnes qu'il rencontrait le faisait se sentir en vie. Il avait besoin de consigner son expérience, expliquait-il ; la chose lui rappelait qu'il était encore capable d'éprouver des sentiments très profonds, même s'il savait que son existence, à quatre-vingt-dix ans passés, approchait de son terme. Il m'avait confié un jour avoir conscience qu'il ne connaîtrait plus d'instants sensuels avec une femme, qu'il ne sentirait plus jamais le corps d'une femme contre lui dans un lit, les jambes emmêlées, le bras autour d'une taille bien ferme, la tête posée sur une épaule toute chaude. Dans un moment de violent désespoir, il m'avait avoué chercher désormais le réconfort sous des douches brûlantes. Il décrivait la sensation de l'eau bouillante coulant en cascade sur ses mains arthritiques comme « orgasmique ». L'intimité physique appartenait au passé ; Edward le savait, mais il était bien décidé à continuer à s'adonner à toutes les activités qui lui permettaient de se sentir vivant et utile aux autres.

« Quand j'ai rencontré Paula, je pensais qu'il n'y avait pas de limites à ce que je pouvais réaliser, me disait-il maintenant, après nous avoir servi le café. Je n'avais aucun doute sur mes capacités. Je n'hésitais pas à enlever les draps du lit et à les laver à la main. Quand Paula me voyait elle disait : "Personne ne fait ça." » Avant Edward, Paula n'avait rencontré que des « hâbleurs » – le genre d'intellectuels qui s'installaient à la cafétéria Blenheim à l'angle de la Septième Avenue et de la 14e Rue et qui, fumant cigarette sur cigarette et buvant café sur café, parlaient de toutes les merveilles qu'ils allaient accomplir sans jamais rien mener à terme. Edward n'était pas comme ça. Il savait construire des meubles, cultiver des légumes, confectionner des costumes.

D'ailleurs, aujourd'hui encore, Edward était un homme à qui rien n'était impossible.

11

Soupe aux crevettes et maïs
Moules rémoulade
Gâteau au chocolat, glaçage crème au beurre
Muscadet

« Je leur ai dit la vérité : j'ai quatre-vingt-treize ans, et je n'ai pas fait ça depuis vingt ans. »

Nous étions assis à sa table de salle à manger sur laquelle il avait disposé deux gros bols de soupe crémeuse aux crevettes et au maïs et de généreuses tranches de baguette croustillante. Edward nous servit à chacun un verre de muscadet délicieusement sec, et m'annonça sans plus tarder sa grande nouvelle.

Quelque temps auparavant il avait accepté ce qui semblait une mission impossible, à savoir retapisser le canapé ancien de ses voisins. Peut-être craignait-il d'avoir eu les yeux plus gros que le ventre, mais, quand je lui demandai pourquoi il allait s'embarquer dans une tâche aussi titanesque, il me cita Voltaire : « Le travail éloigne de nous trois grands maux : l'ennui, le vice et le besoin. »

Jamais Steve et Lenore n'auraient osé le solliciter, mais c'était Edward qui les avait convaincus de le laisser tenter le coup : « Je leur ai dit que j'essaierais et que, si je réussissais, ils économiseraient trois mille dollars. » Il les avait accompagnés chez Zarin Fabrics dans le Lower East Side, et ensemble ils avaient choisi un tissu parmi de magnifiques rouleaux de brocart et de soie. Lorsque ses mains percluses d'arthrose avaient du mal à manier les ciseaux, il mettait la pédale douce. Il s'accordait un jour de répit. Ou deux. Parfois trois. Mais il ne baissait jamais les bras.

En fait, j'avais moi aussi des problèmes de canapé. Ils survinrent le jour où je me décidai à louer un minuscule deux-pièces d'avant-guerre sur Central Park South. J'étais allé voir l'appartement sur l'insistance d'un ami qui habitait l'immeuble. Je redoutais qu'il ne soit trop petit pour Hannah et moi. Le deux-pièces, qui donnait sur le parc, avait été occupé par une artiste pendant plus de trente ans. Elle partait s'installer dans le Midwest et devait trouver quelqu'un à qui le sous-louer. Est-ce que cela m'intéresserait ?

Je pris l'appart sur-le-champ, mourant d'impatience d'emménager. La chambre à coucher exiguë avait servi d'atelier à l'artiste après le départ de sa propre fille. Elle stockait ses huiles et ses aquarelles – dont certaines étaient d'immenses toiles de plus de 3,6 mètres de haut – dans une paroi coulissante qu'elle avait installée dans la pièce principale. Le compartiment, qui allait du sol au plafond, cloisonnait la pièce de sorte que l'artiste disposait d'un espace nuit isolé, d'un bureau où travailler et d'un salon pourvu d'une petite table pour dîner. La cuisine, microscopique, possédait un plan de travail en formica, et les placards cérusés étaient d'origine.

« Habiter ici vous sera salutaire », affirma la peintre de quatre-vingts ans passés alors que je l'aidais à empaqueter des décennies d'aquarelles, de livres poussiéreux et d'argenterie ancienne. Le hasard fit que nous avions des tas de choses en commun. Elle avait emménagé dans l'appartement avec sa fille petite, à la suite de son divorce. Elle avait puisé beaucoup de force, à l'époque, auprès d'une femme âgée qu'elle avait connue pendant son séjour en France, et avait ensuite couché sur le papier ses souvenirs de cette expérience. Lorsque je laissai échapper certains détails de ma récente rupture et de mon amitié avec Edward, elle sourit et déclara avec assurance : « Il n'y a pas de coïncidences. »

Je commençais une nouvelle vie, et il était en quelque sorte légitime que les vestiges de mon ancienne existence se révèlent impossibles à caser en ce lieu. Mon canapé était ce que les décorateurs d'intérieur auraient qualifié de « pièce importante ». Il avait été inspiré par le comte de Chesterfield, du moins était-ce le boniment que l'antiquaire avait débité quand j'avais admiré ses somptueux accoudoirs en acajou sculpté.

Le canapé avait été notre premier meuble acheté en couple, et nous avions entrepris de remplacer son chintz bleu et blanc par du tissu chenille orange Hermès, avec une suédine couleur crème et un rembourrage en duvet d'oie pour les coussins de l'assise. Ayant recouvré sa splendeur d'autrefois, il avait embelli nos intérieurs dans trois villes différentes, mais au moment de notre séparation il était devenu un boulet… et trop volumineux pour passer par la porte de mon nouveau domicile.

À l'époque de mon déménagement, j'étais séparée, mais toujours empêtrée dans une âpre bataille juridique, ce que le greffe du tribunal civil de New York appelait par euphémisme un « cas de divorce litigieux ». Il s'écoulerait encore un an avant que je ne sois officiellement divorcée. Mes amis en restèrent babas quand je leur appris que j'avais dégoté un logement face à Central Park, dans le superbe immeuble Art déco où habitait Lois Lane dans le *Superman* de 1978. Dans une scène du film, le superhéros débarque de nuit sur le toit-terrasse de la reporter du *Daily Planet,* puis, la soulevant dans ses bras, il l'emmène voler autour de la statue de la Liberté.

Le building, célèbre monument new-yorkais, avait également abrité l'aviateur et écrivain Antoine de Saint-Exupéry, qui y avait vécu entre 1941 et 1942 alors qu'il travaillait sur *Le Petit Prince.* D'après un de ses biographes, Saint-Exupéry avait passé de nombreuses heures sur le toit-terrasse à rêver de renouer avec sa vie de pilote et à lancer des avions en papier dans le parc en contrebas. Je me serais bien vue faire la même chose, et j'imaginais des avions en papier planant au-dessus des taxis de Central Park South jusqu'à la grande nappe de verdure qui se déployait devant moi.

Pendant des heures, une équipe de costauds entassa dans le salon fraîchement repeint les cartons de livres, de vaisselle et de chaussures qui représentaient tous mes biens terrestres. Ils avaient gardé le canapé pour la fin. Il fallut quatre hommes pour l'extraire du monte-charge et le transporter dans le couloir. Suant sang et eau sous le poids de ce meuble aussi gigantesque que peu maniable, ils s'échinèrent à l'orienter de différentes façons pour réussir à franchir le seuil. Impossible, même une fois la porte dégondée. Plusieurs employés de l'immeuble furent convoqués afin de superviser la délicate opération. La gérante vint prodiguer ses conseils. Un petit essaim de curieux se forma devant ma porte, et des voisins sortant promener leur chien ou revenant de leurs courses furent attirés par l'attroupement. On suggéra de hisser le canapé par une fenêtre, mais les ouvertures n'étaient pas assez grandes pour laisser passer le mastodonte.

Un des hommes à tout faire voulait scier les pieds et le démantibuler. Toutefois le canapé était tellement vieux que le chef des déménageurs préféra s'abstenir ; si on le démontait, on risquait de ne pas arriver à le remonter. Nous étions à New York et il craignait sans doute d'être poursuivi pour avoir massacré un meuble ancien très coûteux.

Je commençais à perdre patience et j'étais prête à le bazarder. Mais mon amie Zaba, qui m'aidait à déménager et avait assisté à tout l'épisode, était convaincue que l'objet était trop précieux pour que je m'en débarrasse : elle suggéra le garde-meuble. C'est ainsi que les déménageurs retransbahutèrent la bête jusqu'au monte-charge, la remirent dans leur camion, et l'emportèrent dans un entrepôt du Bronx, où elle se trouve encore à ce jour.

Après la comédie du canapé, tout le monde se dispersa et je me retrouvai seule dans mon nouveau chez-moi. Dans le calme de cette fin d'après-midi d'été, alors que la lumière entrait à flots dans l'appartement par la fenêtre du fond donnant sur la 58e Rue Ouest, je m'assis par terre, au milieu de mes piles de cartons. Je me sentais très seule et, je n'ai pas honte de le dire, un peu effrayée.

Je téléphonai donc à Edward, qui me régala du récit de sa journée passée à clouer le tissu sur le canapé de ses voisins. Je n'arrive pas à me rappeler si j'avais déballé mes ustensiles après avoir raccroché. Je sais en tout cas que la première pièce que je décidai d'organiser était ma minuscule cuisine, dont la fenêtre cliquetait à cause du ronflement des climatiseurs à l'étage en dessous. Tandis que des pigeons se posaient sur le rebord, je me mis aux fourneaux.

Je cuisinai toute cette fin d'été et continuai à l'automne. Mes doigts étaient violets à force de peler les betteraves que je transformais en bortsch froid. Je hachais les concombres et les tomates anciennes achetés au marché fermier pour faire du gaspacho. Quand l'atmosphère se rafraîchit, je préparai des ragoûts de lentilles du Puy qui embaumaient le thym frais et les feuilles de laurier ; je les servais avec des merguez grillées, de la baguette croustillante, et un malbec argentin généreux. Je mettais à braiser le poulet *à la** Edward dans un sac de cuisson, je confectionnais le quatre-quarts de ma mère avec de la crème aigre et des zestes de citron, et j'étalais la pâte gorgée de beurre entre deux feuilles de papier sulfurisé pour reproduire les tartes aux fruits d'Edward. Parfois, quand j'avais des restes, je les emportais au bureau.

« On dirait ma grand-mère, à nous gaver comme ça », lançait Melissa.

Peu après mon emménagement, l'ouragan Irène frappa la ville de New York. Le vent hurlait derrière ma fenêtre et il tombait des trombes d'eau, mais je dormis durant toute la tourmente ou presque. Le lendemain matin, équipée de bottes en caoutchouc et d'un imperméable, je sortis en quête d'un café. Tout était fermé hormis l'Essex House Hotel voisin, où quelques clients tournaient en rond en contemplant la pluie.

Je décidai d'aller inspecter les dégâts et passai chercher Zaba, une de mes rares amies de Manhattan à posséder une voiture. Zaba est un écrivain argentino-polonais et une ancienne actrice qui ressemblait étonnamment à Jeanne Moreau jeune. Elle a passé la majeure partie de sa vie d'adulte à Manhattan, dans un magnifique appartement rempli de vieilles photos de famille et de tout un bric-à-brac récolté aux quatre coins du monde. Un nid d'oiseau trouvé dans Central Park occupe la place d'honneur sur sa table basse savamment encombrée, que décorent également des coquillages et une lettre encadrée de Jorge Luis Borges au père de Zaba, où l'écrivain argentin félicite ce dernier pour sa splendide interview. Le père de Zaba était un des plus grands correspondants polonais à l'étranger et, lorsque la famille s'était installée à New York, il était devenu le correspondant auprès de l'ONU d'un quotidien argentin.

Je passai nombre d'heureuses soirées chez Zaba à écouter de mélancoliques chansons italiennes face à une belle flambée, faisant de la place sur la table basse pour les fines tranches de serrano et de manchego qu'elle aimait proposer. Elle n'avait pas froid aux yeux. Un jour, toutes les deux, nous nous étions retrouvées les seules femmes dans un restaurant yéménite de Brooklyn, où nous avions dégusté de l'agneau cuit sous la braise dans une cocotte en terre.

Si quelqu'un pouvait être prêt à traverser Manhattan en voiture en plein ouragan, c'était bien Zaba.

Ce matin-là nous explorâmes un Manhattan irréel, où des sacs de sable protégeaient l'entrée du Russian Tea Room sur la 58e Rue Ouest, et où les vitres des gratte-ciel étaient barrées de rubans de masquage en croix. Dans Little Italy, des hipsters pataugeaient dans les rues inondées. Dans la vieille voiture cabossée de Zaba, dont le rétro extérieur côté passager avait été recollé avec du scotch, nous nous sentions comme des Thelma et Louise urbaines, version un peu plus déglinguée. Vitres baissées, cheveux volant dans tous les sens sous la bourrasque, nous chantions à tue-tête sur une cassette d'Edith Piaf fatiguée : *« Non, rien de rien / Non, je ne regrette rien* ! »*

Je me délectai de cette liberté nouvelle, qui m'autorisait aussi certaines licences avec les recettes d'Edward. Lorsque je faisais ses œufs brouillés à la Saint-Jean, j'y ajoutais des morceaux de feta. Parfois, j'y incorporais une cuillerée de vinaigre de vin rouge pour remplacer le lait ou la crème. Mais quelque addition que je me permette, je ne faisais jamais cuire les œufs tous en même temps. Je procédais en deux étapes, sinon trois, et le résultat était toujours délicieusement mousseux.

À force de sillonner Manhattan et le Queens pour dénicher mes ingrédients, je devins très tatillonne, peut-être même plus qu'Edward. J'ergotais avec les employés de la petite fromagerie de l'East Village : ils devaient découper le *prosciutto di Parma* aussi fin que du parchemin. J'étais même disposée à quitter le magasin s'ils refusaient de se plier à mes exigences.

On ne pouvait pas découper le jambon de Parme en tranches épaisses, c'était une hérésie !

Edward avait-il créé un monstre ?

Je prenais mes merguez à l'Épicerie Boulud, ouverte par le chef français Daniel Boulud près de Columbus Circle. Les merguez étaient sublimes, mais j'avais lancé une mini-révolution quand ils avaient voulu me facturer la taxe sur les saucisses. J'avais même écrit un article dans le *New York Post* où je les accusais de ne pas respecter le code des impôts, qui, dans l'État de New York, interdisait de taxer les produits alimentaires crus. Malgré mon article et deux visites d'inspecteurs qui, à la suite de mon papier, avaient acheté anonymement de la saucisse, Boulud n'avait pas voulu en démordre. Il avait finalement reconnu ses torts, et m'avait appelée pour s'excuser.

Je me mis à organiser des dîners pour mes amis. Nous nous serrions autour de la table tulipe blanche que j'avais commandée sur Amazon et qui accueillait des festins d'inspiration edwardienne : poulet paillard, fenouil au four parsemé de pecorino, soupe aux crevettes et maïs, soufflé à l'abricot…

Même si mon nouveau chez-moi était tout petit par rapport au précédent, je voyais bien que mon existence s'était énormément élargie. J'invitais des amis à dîner de façon régulière. Pendant mon exil sur Roosevelt Island, nous ne recevions presque jamais. Il y avait toujours une bonne excuse : l'appartement n'était jamais assez propre et ma cuisine jamais au niveau des exploits culinaires des épouses serbes de l'île, qui préparaient des choux farcis à se damner et de merveilleuses crêpes à la confiture délicatement saupoudrées de sucre glace.

Mais je ne me comparais plus aux ménagères de Roosevelt Island. Si je commettais des erreurs, je m'en moquais. J'étais contente de cuisiner et de recevoir, et je le faisais désormais plusieurs fois par semaine. Mon logement était ouvert à tous : les voisins, les amis esseulés qui passaient boire un verre, et les copines d'école de ma fille, qui, influencées par ma récente passion, m'avaient concocté pour mon anniversaire un déjeuner surprise avec pâtes au pesto et salade de roquette à la vraie vinaigrette, sans oublier un verre de vin rouge.

Un de mes amis avait même demandé sa compagne en mariage en se rendant à mon réveillon du Nouvel An. Bob et Karen étaient arrivés tout rayonnants. Karen avait exhibé sa bague en diamant toute neuve, et Bob s'était chargé de couper en tranches le pain maison qu'il avait fait. Nous avions dévoré un énorme plat de morue aux pommes de terre nouvelles, dont Hannah avait emporté deux assiettes dans sa chambre, car elle était avec une copine qui voulait voir ses cadeaux de Noël. Bob et Karen s'étaient connus au lycée en Caroline du Sud, et s'étaient retrouvés à soixante ans révolus après l'échec de leurs mariages respectifs.

Marchande d'art à Manhattan, Karen habitait un fabuleux appartement regorgeant d'œuvres en tout genre sur Park Avenue. Ingénieur, Bob avait construit lui-même sa maison dans une forêt sur la côte Pacifique ; il fabriquait sur un métier à tisser de magnifiques écharpes et de splendides couvertures. Quand j'avais fait sa connaissance, il m'avait offert un châle qu'il avait tissé pour moi, ainsi qu'un papillon séché, symbole de l'âme, paraît-il. La même semaine, alors que je visitais le conservatoire des papillons au Muséum américain d'histoire naturelle, un papillon, à mon grand enchantement, s'était posé sur mon épaule. À cette seconde-là, je m'étais sentie bénie des dieux.

Nous avions porté un toast aux fiançailles de Karen et Bob avec un Veuve Clicquot qu'une autre amie avait récupéré lors d'un shooting de mode, et en fin de soirée nous étions tous montés sur le toit regarder le feu d'artifice au-dessus de Central Park. Les vents froids qui nous cinglaient le visage nous dérangeaient à peine tandis que nous admirions les spectaculaires explosions de couleurs illuminant le ciel de l'Upper West Side.

« Je n'oublierai jamais cette soirée aussi longtemps que je vivrai, avait déclaré Karen. C'est magique. »

Des mois plus tard, par une soirée d'été, alors que nous étions un petit groupe à grignoter des radis à la croque au sel et à nous enivrer gentiment à l'albariño, nous décidâmes de lancer du toit des avions en papier. Nous avions écrit des messages coquins à l'intérieur de ces pauvres planeurs mal fichus, dont nous encouragions la trajectoire par nos acclamations. Certains tombaient immédiatement en piqué sur le trottoir animé en contrebas, mais quelques-uns, attrapant un courant ascendant, s'élevaient momentanément avant d'aller atterrir au milieu des voitures. Aucun n'atteignait le parc, mais, nullement démontés, nous nous obstinions à confectionner des aéroplanes le mieux profilés possible dans l'espoir qu'ils volent jusqu'aux arbres.

Qu'aurait pensé Saint-Exupéry de nos efforts ? Il les aurait sans doute approuvés. Comme il l'avait écrit dans *Le Petit Prince* : « On ne voit bien qu'avec le cœur. L'essentiel est invisible pour les yeux. »

Edward nous resservit du muscadet et chacun finit de raconter son histoire de canapé.

Edward avait tapissé avec succès celui de ses voisins. Ils étaient aux anges et tenaient absolument à le remercier de sa gentillesse. Il avait refusé, déclarant qu'une bouteille de single malt ferait amplement l'affaire. « Je leur ai dit que si je cherchais de la gratitude j'irais à la lettre *g* du dictionnaire. Et pour une récompense j'irais la chercher à la lettre *r*. »

Je recueillis sur mon assiette les dernières miettes de gâteau au chocolat. Edward avait fait là une des pâtisseries les plus légères que j'aie jamais goûtées. Il m'expliqua qu'il utilisait des blancs d'œufs montés en neige très souple pour créer cet effet aérien. Alors que sa part gisait encore intacte sur son assiette, il se leva avec difficulté de sa chaise. Il s'apprêtait probablement à me mettre dehors. Après tout, il était huit heures, et il avait sans doute envie d'aller se coucher.

Je me trompais. Il partit au salon et revint avec une photo en noir et blanc de Paula que je n'avais jamais vue. C'était un portrait de sa femme âgée d'une vingtaine d'années, jeune, belle, pleine d'assurance, ses cheveux châtains mi-longs coiffés comme Hedy Lamarr dans *Casbah*. Il avait pris ce cliché avec un Brownie peu après leur mariage. Sur cette image fanée, on reconnaît en plus jeune la femme au menton dressé des tirages en couleurs qu'il avait fixés aux murs de son salon et de sa salle à manger.

« Paula avait quelque chose ; elle avait du *lure* », m'avait-il dit un jour. J'avais tout de suite saisi le sens de l'expression et compris qu'il l'avait délibérément empruntée à la chanson « All of You » de Cole Porter, une des préférées de Paula, celle qu'elle lui avait chantée la veille de sa mort. Ce fameux charme était évident sur cette photo. Edward avait eu l'intention de l'encadrer mais, après le décès de sa femme, le cliché avait traîné des mois durant parmi les piles de lettres, de factures et de recettes qu'il rédigeait à la main sur son petit bureau. Lorsqu'il était retombé sur la photo la semaine précédente, elle ne l'avait pas rendu aussi triste que d'habitude et il avait enfin décidé de l'encadrer. Il l'avait emportée avec lui pour aller dans un Staples de l'autre côté du fleuve, où il comptait acheter un passe-partout. Il me raconta ce qui s'était produit.

« Puis-je vous aider ? » La vendeuse devait avoir dans les vingt-cinq ans : grande, svelte, d'épais cheveux bruns encadrant des traits fins, une peau d'albâtre parfaitement lisse. Edward lui montra la photo de Paula en lui demandant de l'aider à faire son choix.

« Elle est vraiment belle ! » s'écria la jeune femme à la vue du portrait.

Encouragé, Edward oublia presque les raisons de sa venue dans le magasin. Il s'embarqua dans le récit de sa rencontre avec sa femme et décrivit le contexte de la photo, expliquant qu'il avait pris cette image sur une plage de Californie quand tous deux croyaient encore faire carrière à Hollywood.

Trouvant que la jeune femme avait été particulièrement attentive – belle et sensible, elle s'était révélée authentiquement curieuse de son histoire –, Edward lui demanda si elle aimait lire de la poésie.

« Ah, mais j'adore la poésie ! »

Après avoir réglé son achat, Edward nota l'adresse de la jeune femme, afin de pouvoir lui envoyer par la poste ses poèmes les plus récents. Il s'enquit de son prénom. Lorsqu'elle le lui donna, le cœur d'Edward eut un raté.

« Paula », répondit-elle.

12

Côtelettes d'agneau grillées
Pieds de cochon fumés, brocolis-raves à l'étouffée
Pain de maïs
Macarons
Malbec

Je compris qu'Edward avait la nostalgie du Sud quand il m'appela pour me dire qu'il avait laissé mijoter toute la journée des brocolis-raves avec des pieds de cochon fumés. Il prévoyait aussi de faire du pain de maïs, annonça-t-il. Est-ce que je voulais bien venir dîner ? Il savait que c'était une invitation que je ne pouvais pas vraiment refuser, mais, tandis que je sortais du métro et remontais les quelques blocs jusqu'à son immeuble, je me demandais ce qui avait déclenché cette subite nostalgie de son enfance à Nashville.

« Le temps file si vite », me dit-il, attrapant avec un torchon les assiettes brûlantes où il avait déposé les côtelettes d'agneau grillées encore grésillantes.

Je mordis dans la chair rose qu'émaillaient des brins de romarin frais. Les brocolis-raves étaient d'un vert profond, légèrement amers et fumés, et tellement tendres qu'on n'avait presque pas besoin de mâcher :

ils fondaient tout bonnement sur la langue. Le pain de maïs était dense et à peine sucré, parfait contrepoint au goût prononcé de l'agneau et à la richesse fumée des légumes.

Renonçant à utiliser mes couverts, je pris avec les doigts une de mes côtelettes et, déchirant la viande à pleines dents, je n'hésitai pas à ronger l'os pour ne pas en perdre une miette. Quand je levai enfin les yeux de mon assiette, je dis à Edward que j'étais d'accord avec lui : oui, le temps filait à toute vitesse. Cela faisait déjà plus de trois ans que j'avais rencontré cet homme si attachant. J'étais aujourd'hui officiellement divorcée et ma fille entrait rapidement dans l'adolescence.

Mais Edward secoua la tête. Non, je me trompais sur le sens de ses paroles. Il voulait dire qu'il était conscient que le temps filait et qu'il n'aurait jamais l'énergie de faire tout ce qu'il souhaitait avant de mourir. Il se leva pour débarrasser.

Cela faisait longtemps qu'il n'avait pas parlé de la mort. Pourquoi maintenant ?

J'appris qu'Edward était allé aux obsèques d'un ami plus tôt dans la semaine et que son médecin de longue date s'était éteint la veille.

« Quand je mourrai, il y aura sûrement un service funèbre, et j'espère que vous prendrez la parole, déclara-t-il d'un ton égal. Vous savez tellement de choses sur moi. »

Edward avait déjà précisé qu'il n'y aurait pas d'enterrement. Et puis il ne voulait pas que la cérémonie soit triste ou trop élaborée, et certainement pas religieuse. Il admirait la démarche de son médecin. Quand on lui avait diagnostiqué un cancer, qu'il avait décidé de ne pas soigner, Will Grossman avait écrit une lettre à tous ses amis, soulignant la place qu'ils avaient occupée dans son cœur, et leur disant adieu en bonne et due forme.

« Il a fait preuve d'une grande dignité », dit Edward, qui avait commencé un poème au sujet du médecin. Pour Edward, être digne signifiait rechercher toujours la vérité et demeurer intègre. Will était à l'évidence un être d'exception.

Edward avait assisté à de nombreux enterrements ces derniers temps, au fur et à mesure que ses amis et les membres de sa famille disparaissaient. Il avait vertement critiqué la plupart des services funèbres. Notamment la cérémonie pour son ami et voisin de Roosevelt Island, Mike Michaels, qui avait quatre-vingt-treize ans à son décès.

« Ses proches ont parlé, mais ils étaient trop larmoyants, se plaignit Edward. Ce n'est pas ainsi qu'on rend hommage à quelqu'un ou qu'on raconte une histoire. »

C'est pourquoi Edward, qui était assis au dernier rang, décida que Mike méritait d'être honoré différemment et demanda à la famille si elle l'autorisait à prononcer quelques mots. Il se leva pour parler devant une soixantaine de gens, et bientôt toute l'assemblée riait au souvenir d'un homme qui était le plus jeune d'une fratrie de cinq filles, et dont les parents juifs étaient tellement reconnaissants d'avoir un fils qu'ils l'appelaient toujours par le petit nom affectueux yiddish *bubala*. Pendant des années, leur raconta Edward, presque personne dans sa famille ne pouvait se rappeler son vrai prénom, d'où cette désignation amusante de Michael Michaels !

« L'important, ce sont les histoires que nous gardons en mémoire », me dit Edward.

Je me souvins d'une remarque que Rita avait faite à un repas. « Vous savez, Edward, je suis venue dîner, mais en réalité je suis venue pour vos histoires. » Nous venions tous pour ses histoires. Edward était notre Shéhérazade. Lors de la plupart de nos tête-à-tête, il y avait une histoire qu'Edward brûlait de me raconter. Il dépeignait sa jeunesse dans le Sud, évoquait les personnes dont il conservait les portraits dans des cadres en argent sur une étagère de son salon. Il y avait un oncle qui était devenu un magnat du sucre dans le Cuba du début du vingtième siècle, un arrière-grand-père qui avait tué un homme pour des terres dans le Missouri et qui s'était enfui au Mexique, où il était resté en cavale le restant de sa vie ; une tante qui était montée en chaire quand son père pasteur s'était tu brutalement au milieu d'un sermon, les cordes vocales paralysées par son cancer de la gorge.

Et maintenant qui raconterait l'histoire d'Edward ? Finirait-il simplement oublié ? Ces craintes-là, je le sais, devaient occuper son esprit. Que deviendraient les volumineux albums dans lesquels il avait si méticuleusement enregistré cette histoire-là – sa vie avec Paula et ses filles ? « Qu'arrivera-t-il à tous ces albums que j'ai constitués avec tant de ferveur ? Je me pose la question quelquefois, m'avait-il écrit un jour. Mais pas longtemps, puisqu'elle est insoluble. »

Il y avait de vieilles photos du pavillon propret dans lequel Paula et lui avaient emménagé à Long Island après la naissance de leur première fille, Laura ; des photos d'Edward et Paula lors d'un voyage à

Londres ; de Laura et Valerie recevant leur diplôme à la fin du lycée ; des clichés de mariages familiaux. Ou d'Edward se tenant fièrement dans son ancien salon à côté d'un meuble de sa fabrication, ou près des framboisiers couverts de fruits dans son jardin de derrière…

« Nous n'avons jamais eu de framboisiers, papa », objecta Laura à un dîner, alors que, de retour à New York, elle s'était installée dans un appartement en face de l'immeuble de son père.

Edward lui démontra le contraire en épluchant ses albums ; il en examina scrupuleusement chaque page pour retrouver la série de photos que Paula avait prises de lui dans son jardin. Et la preuve était là : un magnifique Edward en pleine jeunesse, faisant valoir avec orgueil ses framboisiers chargés de baies rouges.

Il y avait certains événements de son passé qu'il aurait aimé consigner eux aussi, mais, s'il semblait doué pour saisir toutes les nuances de la vie des autres, il avait du mal à écrire sur la sienne. Nous étions amis depuis presque deux ans quand Edward m'expliqua dans une lettre les difficultés qu'il avait à rendre compte de sa propre histoire. Il pensait en particulier à son incapacité à relater la mort de son père, une plaie encore trop à vif même un bon demi-siècle plus tard. Edward m'avait adressé des copies soigneusement dactylographiées de diverses histoires, sur Megan sa voisine irlandaise, sur Paula, et sur bien d'autres gens, mais il ne m'avait jamais rien envoyé concernant son père.

« J'ai déjà cherché à mettre ces souvenirs sur papier, mais chaque fois mes efforts n'ont rien donné. J'ai renoncé après avoir tenté d'écrire à la deuxième personne, comme si ce n'était pas moi qui avais vécu ces scènes. »

Mais ce soir-là, après les côtelettes d'agneau, le pain de maïs et les macarons que Rita avait achetés l'après-midi dans une pâtisserie polonaise du Queens, Edward repoussa nos assiettes du revers de la main. Il était résolu à me raconter, si douloureux que puisse être pour lui ce récit.

Pendant l'été 1955, le père d'Edward, Leslie, était en train de mourir à Nashville. Âgé de soixante-huit ans, il avait fumé toute sa vie et souffrait d'un cancer depuis longtemps. Les membres de la famille se relayaient à son chevet dans la journée pendant que sa femme, Veronica, la mère d'Edward, essayait de faire face aux factures médicales de plus en plus lourdes en vendant des corsets.

« Après avoir travaillé toute la journée à s'escrimer à écouler sa marchandise, elle rentrait à la maison pour s'allonger à côté de son mari dans leur petit lit deux places. Espérait-elle dormir ? Se reposer ? Trouver du réconfort ? Il ne devait pas y avoir grand-chose de salvateur pour elle dans ce genre de nuits. »

Veronica avait une beauté à la Gibson Girl, même à cinquante ans passés et après avoir eu sept enfants. Dans le portrait sépia de sa mère qu'Edward gardait dans son salon, ses cheveux bruns sont remontés en un chignon victorien dont les boucles légères caressent la peau crémeuse de sa nuque. Edward était le benjamin. Assez peu soucieuse de l'éducation de ses rejetons, Veronica poursuivait ses rêves d'enrichissement rapide et s'absentait souvent, si bien que le rôle de mère incombait à sa sœur, tante Beatrice. Jamais mariée, Beatrice devint pour les enfants une véritable tata gâteau. Enfant, Edward avait absorbé du poison et c'était elle qui lui avait sauvé la vie en le forçant à avaler du lait. Le vieil homme avait les larmes aux yeux lorsqu'il parlait de Beatrice et disait ne s'être rendu compte du rôle capital qu'elle avait joué dans son existence que des années après sa mort.

Si Veronica montrait une douce insouciance à l'égard de ses enfants, elle avait une passion pour son mari. Durant l'agonie de Leslie, elle se dévoua à lui corps et âme, même quand elle fut contrainte de le faire admettre à l'hôpital protestant de Nashville, où le patient fut accueilli à titre gracieux dans une salle commune bondée de malades.

« Je lui parlais souvent au téléphone, me raconta Edward. Sa confusion était perceptible. Personne ne lui disait la vérité, personne ne lui disait qu'il était en train de mourir. » Edward ne cessait de reporter son voyage pour aller le voir. Mais quand il ne fit plus aucun doute que sa disparition était imminente, Edward embarqua sa femme et ses filles dans la voiture familiale, une Chevrolet d'occasion. Selon ses calculs, et si l'auto ne les lâchait pas en route, il leur faudrait trois jours pour rallier Nashville depuis Long Island. À l'époque, les autoroutes n'étaient pas encore terminées. On pouvait rouler une dizaine ou une vingtaine de kilomètres sur une chaussée bien bitumée avant de se retrouver sur d'anciennes routes pendant quatre-vingts ou cent kilomètres d'affilée. Dans les Blue Ridge Mountains, ils prirent le Skyline Drive le long des crêtes pour que les filles puissent admirer le paysage spectaculaire.

« Je voulais qu'elles voient les nuages en barbe à papa. »

C'était en partie le même itinéraire que celui que Paula et lui avaient emprunté pour se rendre en Californie juste après leur mariage. Ils avaient même fait escale dans le gîte où ils avaient passé leur nuit de noces, du temps où ils aspiraient encore à une carrière hollywoodienne. Cette fois-ci, Edward avait trente-cinq ans et, lors de ce périple vers le sud pour aller faire ses adieux à son père mourant, ses rêves de devenir acteur s'étaient évanouis depuis longtemps. Après leur installation en Californie au début des années quarante, le plus près qu'Edward se soit approché de la gloire, c'était en préparant les achats d'épicerie de certaines grandes stars au May Co. de Los Angeles, où il travaillait dans la journée. Prenant par téléphone les commandes des majordomes d'Orson Welles, Judy Garland et Katharine Hepburn, il emballait dans des cartons les articles requis tout en étudiant son texte pour les productions de théâtre amateur dans lesquelles il devait jouer en soirée. Par la suite, il avait pris des cours du soir pour apprendre la soudure et intégré l'équipe de nuit sur le chantier naval de San Pedro.

En 1941, il avait décroché le premier rôle dans une pièce intitulée *American Sampler*. Un soir, un découvreur de talents en lien avec la Columbia l'avait vu sur scène et lui avait demandé de tourner un bout d'essai. Mais Edward n'avait pas eu de chance, son bout d'essai avait été annulé : l'attaque de Pearl Harbor venait de plonger l'Amérique dans la Seconde Guerre mondiale.

Quelque temps plus tard, Edward était appelé sous les drapeaux. Il avait vingt-trois ans, mesurait plus d'un mètre quatre-vingts et pesait à peine soixante kilos. Convoqué dans un bureau de recrutement fédéral à Los Angeles, il avait fait la queue des heures avec des dizaines d'autres conscrits dans l'attente de la visite médicale. L'atmosphère était étouffante dans la salle surpeuplée, et soudain il s'était évanoui. Il s'était retrouvé étendu par terre alors qu'un planton lui faisait respirer des sels. Ce malaise coûta à Edward son enrôlement.

Après quatre ans à Hollywood, le couple prit la décision de retourner à New York pour de bon. D'après l'agent d'Edward, il avait plus de chances d'être repéré à Broadway que dans les productions à petit budget auxquelles il participait à Hollywood. « Qu'ils vous découvrent là-bas », avait déclaré l'homme.

De retour à New York, toutefois, les rôles se firent de plus en plus rares. Paula avait renoncé depuis longtemps à être comédienne, et Edward mit lui aussi ses rêves de côté lorsqu'elle tomba enceinte de Laura. Ils avaient emménagé au premier étage d'un immeuble sans ascenseur de Jones Street dans le Village, mais, avec la venue prochaine du bébé, ils ne se sentaient plus de vivre dans un appartement exigu de Manhattan. Ils migrèrent vers Long Island et, quand Valerie arriva sept ans plus tard, Edward travaillait tantôt comme tailleur, tantôt comme soudeur. Par la suite, il fut embauché dans une usine automobile où il avait pour tâche de coudre les garnitures de sièges.

Le soir, malgré tout, Paula et Edward écrivaient ensemble des pièces de théâtre. Edward me montra les courriers qu'ils avaient reçus d'un des plus gros producteurs de Broadway dans les années cinquante. L'homme voulait monter une de leurs pièces, mais se ravisa en définitive, renonçant à produire un spectacle avec deux inconnus. « Nous étions en 1955 et j'admettais enfin que nous n'étions pas assez bons dramaturges. C'était comme ça, tant pis. Les filles grandissaient et, pour l'essentiel, je subvenais à nos besoins, même si quelques dollars de plus nous auraient facilité la vie. »

De temps en temps, dans l'espoir de mettre du beurre dans les épinards, Edward prenait le train et allait à Belmont jouer aux courses. Il gagnait parfois plusieurs milliers de dollars. Mais cette bonne fortune n'était guère fréquente.

Durant le triste voyage vers Nashville pour aller voir son père, Edward avait été envahi par un sentiment d'échec.

« J'étais impétueux et pétri d'incertitudes, mais Paula était un ange de patience, m'avoua-t-il. Elle ne me harcelait pas, et non seulement elle se montrait d'un merveilleux soutien, mais elle était pleine d'admiration pour moi. Bref, elle m'aimait, comme personne d'autre n'aurait pu. J'avais une chance folle. J'ai honte de ne pas l'avoir compris à l'époque. »

Alors qu'il approchait de sa ville natale, Edward rassembla son courage pour ce qui allait être, il le savait, sa dernière rencontre avec son père. Néanmoins rien n'aurait pu le préparer à ce qui l'attendait dans la chambre d'hôpital.

« Il ressemblait, allongé sur ce lit, aux victimes de la Shoah », se rappela Edward. Les horreurs de l'Holocauste nazi n'avaient été révélées que dix ans auparavant. Pour mettre un terme aux souffrances de son père, Edward voulait qu'on débranche le respirateur artificiel. Il fit tout son possible pour convaincre sa mère ainsi que ses frères et sœurs.

« On emmerde l'hôpital », leur avait-il dit. Ce n'était pas humain de mourir de cette façon-là. « Il n'était plus que tuyaux, câbles et veines bleues atrocement saillantes, dit Edward. Des tubes sortaient de poches en plastique au-dessus de sa tête pour aller injecter du liquide dans les veines de ses bras et de son corps tremblants. Reliées à sa vessie et à son côlon, d'autres sondes évacuaient les matières vers des bocaux placés sous le lit. J'ai supplié l'interne de le laisser mourir dans la dignité, mais personne ne m'a écouté. »

Cette nuit-là, alors que Paula et les enfants dormaient dans son ancienne chambre, Edward, angoissé par les souffrances de son père, ne tenait pas en place. L'air était lourd comme avant un orage, et la ville sombre et silencieuse. Posté à la fenêtre du premier étage de sa maison d'enfance, Edward essayait de discerner la lueur intermittente des lucioles.

Soudain il entendit un gazouillis et regarda dehors : un oiseau moqueur solitaire voletait autour d'un poteau dans le jardin. Subjugué par le chant de l'oiseau, Edward sentit soudain quelque chose lui effleurer la jambe.

Une souris ? Un rat ?

« J'avais l'impression que des rats infestaient les murs de notre maison, comme le cancer avait envahi les veines de mon père. » Le lendemain, avant de se rendre à l'hôpital, Edward acheta des pièges qu'il installa dans la maison et dans les buissons tout près des fondations, juste sous la fenêtre de la chambre de son père. Il était dans le salon quand il entendit un des pièges se refermer. Au même moment, il lui sembla qu'on sonnait à la porte. Il choisit d'aller jeter le rongeur pris dans la souricière. En approchant du piège, il eut un mouvement de recul.

« J'avais attrapé quelque chose de gris, m'expliqua Edward, dont les larmes commencèrent à perler à ce souvenir. Mais ce n'était pas un rat. » Il pleurait désormais à gros sanglots en cherchant à me raconter la suite de l'histoire. Avant même qu'il parvienne à prononcer les mots, j'avais deviné ce qu'il allait dire.

« J'avais tué l'oiseau moqueur », lâcha-t-il dans un chuchotement rauque.

Assis par terre dans le jardin de sa maison natale, il tenait délicatement dans le creux de ses mains l'oiseau mort, symbole du Sud, de sa jeunesse, et peut-être de son innocence. Il n'eut pas besoin d'entendre la nouvelle du messager de l'hôpital qui n'avait pas cessé de sonner. Il savait déjà que son père n'était plus.

« J'ai enterré l'oiseau, avec le piège, dans le jardin de derrière, dit Edward, pleurant toujours. C'était le 4 juillet. »

Les obsèques eurent lieu deux jours plus tard, et le lendemain Edward et sa famille remontèrent dans la Chevrolet pour rentrer à New York. Sur le Skyline Drive, Edward était tellement fatigué et éperdu de douleur qu'il fit une embardée sur la grand-route, « réussissant à piler par miracle avant de nous précipiter tous dans le vide ».

Nous restâmes silencieux pendant ce qui me parut un long moment après son récit. Edward finit par se lever de table pour s'occuper du café turc, qu'il préparait dans un *ibrik* de fortune sur la cuisinière. Il versa l'épais liquide foncé dans deux tasses à expresso auxquelles il ajouta quelques gouttes de Ricard.

Nous bûmes nos petites tasses de café sans rien dire, regardant la poudre finement moulue dessiner des volutes sur les parois blanches après chaque gorgée, puis s'agglomérer en un dépôt boueux. Qu'aurait pu nous dire ce marc de café sur l'endroit où nous allions, l'endroit d'où nous venions, et la façon dont nous avions atterri ici dans cette paisible salle à manger new-yorkaise ?

Au bout d'un certain temps, Edward se tourna vers moi en souriant : « Sacrée fin de soirée, pas vrai ? »

13

Linguine au pesto maison
Salade
Chocolats assortis
Martini, pinot grigio

J'annonçai à Edward que j'en avais fini avec les hommes.

Debout à côté de lui alors qu'il mettait les assiettes à chauffer dans le four, je me demandais ce que nous allions manger. Edward ne pipa mot. Il ne me jeta même pas un coup d'œil ; ma déclaration ne suscita chez lui aucune réaction. Au lieu de cela, il ouvrit le freezer, en sortit un verre à martini givré ainsi que le doseur en pyrex qui contenait son mélange magique, et versa le cocktail dans le verre bien froid. Il s'en servit un à lui aussi.

Auparavant, chaque fois que je lui disais avoir rencontré un homme intéressant, Edward sautait sur le scoop.

« Amenez-le ici », dit Edward quand je lui parlai de l'homme d'affaires dont l'accent du Midwest et l'air de sérieux étudié me rappelaient Nick Carraway dans *Gatsby le Magnifique.*

d'apprendre s'il existait des poursuites fiscales à son encontre. Nous pouvions aussi vérifier son nombre de résidences ou ses hypothèques, ses permis de port d'arme et son casier judiciaire.

Dans mon cas, une simple recherche d'images sur Google révéla des dizaines de photos du financier et de la blonde filiforme dans d'anciens numéros du *New York Social Diary,* la newsletter mondaine qui s'adressait aux personnalités. Je cherchai une explication. Peut-être avait-il rompu depuis ? Sinon, pourquoi m'enverrait-il des textos me proposant des rendez-vous ? J'étais trop gênée pour raconter à Edward cette lamentable histoire. Oui, Edward avait des raisons de s'inquiéter. J'entretenais des vues assez naïves sur les hommes et l'amour. Dans un accès de vanité blessée, après la déception causée par le financier, je décidai qu'il valait mieux renoncer.

Quand nous eûmes fini notre salade et attaqué la boîte de chocolats de luxe offerte à Edward par un de ses voisins, je lui répétai que c'était terminé, je ne tomberais plus amoureuse, qu'à bientôt cinquante ans je ne devais plus espérer trouver l'homme de mes rêves. Cette fois il répondit.

« Et avec une femme, alors ? » fit-il, levant les yeux vers moi, un mélange d'incrédulité et de compassion dans le regard.

14

Galettes de crabe avec sauce tartare maison
Salade de tomates, vinaigrette au pesto maison
Tarte aux pruneaux
Pinot grigio

Nous n'arrivâmes jamais au dessert le soir où Edward s'écroula.

Il y avait toujours du dessert *chez** Edward. Ce soir-là c'était une tarte aux pruneaux que j'avais aperçue sur le plan de travail de la cuisine, encore fumante, les fruits dégorgeant leur sirop foncé sur la pâte dorée. Nous venions de finir notre salade après les galettes au crabe et, dans la perspective du plat suivant, Edward se mit à expliquer comment il avait confectionné sa pâtisserie. Le secret, dit-il, consistait à faire tremper les pruneaux au moins une heure dans du Earl Grey.

« C'est comme ça qu'on obtient ce sirop noir bien épais et bien sucré, précisa-t-il. Il suffit de les faire tremper une heure avant de… »

À cet instant, il se mit à trembler et ses mots s'embrouillèrent avant qu'il n'ait pu finir l'énoncé de sa recette. Il s'effondra soudain en avant. Je me précipitai pour l'aider, et il se fit violence pour se remettre d'aplomb. Fermant les yeux, il se redressa avec un immense effort et se leva lentement de sa chaise à dossier droit en s'appuyant sur sa canne, qu'il gardait toujours à proximité. Il se dirigea vers la salle de bains, me laissant seule. Je restai dans la pièce à me demander s'il arriverait à récupérer d'un tel malaise.

Il me sembla parti longtemps. Je l'appelai, pour savoir s'il allait bien, et il me répondit qu'il serait là dans une minute.

Je n'étais pas préparée à ce que je vis quand il revint en claudiquant dans la cuisine. J'étais en train de remplir l'évier d'eau savonneuse. Appuyé sur sa canne, pieds nus, il était vêtu d'une chemise de nuit usée jusqu'à la trame. Un ensemble de veines bleues formait une grappe noueuse au niveau de ses coudes, sous une peau fine presque translucide, parsemée de taches de vieillesse.

Où était passé *mon* Edward, ce fier gentleman jovial et élégant qui m'avait fait un gâteau aux amandes pour mon anniversaire et emmenée chez Saks Fifth Avenue ? Pouvait-il vraiment s'agir de ce frêle vieillard qui se tenait là impuissant, son âge accusé de manière si crue sous les néons de la cuisine ? J'avais envie de détourner les yeux, submergée par la gêne. Je n'étais pas censée le voir dans cet état.

« N'en parlez pas à Valerie, me souffla-t-il, dans ce qui me parut un murmure désespéré. Ni à Laura. »

Ce fut la seule fois où j'osai le trahir. Il me vint bel et bien à l'esprit qu'il pourrait ne plus jamais m'adresser la parole quand il découvrirait que j'avais raconté à ses filles son malaise. Ce soir-là, en marchant vers la station du téléphérique, j'appelai Laura, qui traversa la rue en quatrième vitesse pour vérifier l'état de son père. Puis je prévins Valerie.

Durant les mois qui suivirent, je ne parlai à Edward que brièvement, même après son évanouissement quelques semaines plus tard. Il se fit tellement mal en tombant sur le carrelage de sa salle de bains qu'il dut rester alité plusieurs semaines. Il développa des escarres et commença à se disputer avec ses filles.

Non, il n'irait pas à l'hôpital. Non, il ne voulait pas voir son médecin. Edward savait déjà de quoi il souffrait, et il prétendait savoir pertinemment comment guérir. Il était évident qu'il avait peur. Songeait-il à cet été 1955, quand son père agonisait dans une salle commune à Nashville, « recroquevillé en position fœtale, les genoux repliés contre sa poitrine, la peau comme collée à ses os saillants » ?

« On emmerde l'hôpital », avait-il dit alors concernant son père.

Ou bien se rappelait-il l'époque où Paula était tombée malade ? Un jour, elle avait pris le téléphérique pour Manhattan et était rentrée plus exténuée que d'habitude. Ce fut le dernier trajet qu'elle effectuerait seule. « Elle m'a dit qu'elle n'était plus la jeune fille d'autrefois », m'avait répété Edward. Il s'était interrompu, repensant au jour qui avait marqué le commencement de la fin. « Pour moi, elle était toujours la même, avait-il affirmé, comme s'il cherchait à s'en convaincre. Elle n'avait pas changé. »

Mais, chez leur médecin, cela avait été la douche froide. Paula allait devoir être amputée d'une jambe. Le discours du praticien semblait raisonnable ; l'homme paraissait même encourageant. « Les prothèses de nos jours sont extraordinaires. Votre femme réapprendra à marcher. Elle pourra vivre quatre ou cinq ans de plus », avait-il dit avec enthousiasme.

« Pas question », avait rétorqué Edward une fois seul avec le médecin.

Celui-ci avait insisté sur la nécessité de l'amputation. Dans le cas contraire, « votre femme devrait alors être admise en soins palliatifs où ils la bourreront de morphine en attendant la fin. L'agonie risque de durer des semaines. Très pénible comme fin de vie ».

Edward demeura inflexible. Il savait que le « rendez-vous à Samarra » de Paula était imminent. C'était son conte des *Mille et Une Nuits* préféré, adapté par Somerset Maugham. Il m'avait souvent raconté l'histoire de ce serviteur de Bagdad, envoyé au marché acheter des provisions pour son maître, un riche marchand. Au marché, le serviteur était tombé sur la Mort. Effrayé, il avait emprunté le cheval de son maître et galopé jusqu'à Samarra pour échapper à son destin. Plus tard, le marchand se rendit à son tour au marché afin d'apostropher la Mort. « Pourquoi avez-vous eu un geste menaçant envers mon serviteur quand vous l'avez vu ce matin ? »

La Mort parut amusée. « Ce n'était pas menaçant. C'était un geste de surprise. J'ai été étonnée de le voir à Bagdad, alors que j'avais rendez-vous avec lui ce soir à Samarra. »

Des années plus tôt, Edward avait fait ce récit sur l'impossibilité d'échapper à la mort à un autre médecin lorsqu'il avait été confronté à un cancer. « Après l'intervention chirurgicale, on m'avait conseillé un protocole que j'hésitais à accepter. La chimiothérapie est du poison. Rien à voir avec les vitamines ou le jus d'orange », avait-il écrit dans une version romancée de l'épisode qu'il avait intitulée *Providence*.

Edward avait récité le conte arabe à l'oncologue censé administrer la thérapie, et lui avait demandé « si, comme cet esclave cherchant à fuir l'appel de la Mort, je me précipitais moi aussi vers Samarra et ma propre perte en acceptant la chimio ». L'oncologue lui avait répondu qu'il n'en savait rien, et Edward avait décidé de s'abstenir. Dix ans plus tard, le cancer n'était toujours pas revenu.

Mais ce conte populaire ne parut d'aucun effet sur les membres du corps médical qui soignaient son épouse. « C'est une femme pleine d'énergie, avait insisté le médecin de Paula dans son cabinet de l'Upper East Side. Pourquoi vous priver tous deux des années de vie qui lui restent ? Discutez-en. Elle pourrait vous surprendre. Faites-moi connaître votre décision. »

Paula avait été d'accord avec Edward. C'était un paisible après-midi du mois d'août – cette période à Manhattan où seuls des touristes en nage armés de plans de la ville semblent arpenter les lieux. Edward se montra peu loquace durant le trajet de retour, tenant dans la sienne la main fragile de sa femme tandis que le taxi cahotait dans des rues écrasées de soleil vers le Queensboro Bridge. Au désespoir, il lui proposa la solution du double suicide. Paula lui pressa la main, et déclara qu'il était ridicule ; une telle sottise était exclue.

Edward la ramena à la maison, où elle mourut deux mois plus tard, entourée de leurs albums de souvenirs, de ses tapis au crochet, de la table de salle à manger qu'Edward avait fabriquée avec des chutes de bois récupérées sur un de ses chantiers, de la table basse en noyer, des chaises à dossier droit qu'Edward avait cannées lui-même, des coussins en patchwork confectionnés par Paula avec des morceaux de vieilles jupes, de draps de coton râpés et de grosses chemises écossaises – tous ces restes de tissu qui témoignaient de leurs soixante-neuf ans passés ensemble.

Après sa mauvaise chute, Edward avait expliqué à ses filles que, si l'heure était venue de son rendez-vous avec la mort, il était bien résolu à s'y rendre entouré des objets qu'il aimait. Comment pourrait-il se rétablir dans une chambre d'hôpital anonyme ? Il avait besoin de se trouver dans un lieu où, en regardant par la fenêtre, il pouvait voir les remorqueurs sillonner l'East River durant la journée, et les lumières des appartements à un million de dollars de l'Upper East Side se mettre à clignoter à la tombée de la nuit. Qu'avait dit Paula à propos de ces logements quand ils avaient emménagé dans le leur ? « Ils alignent des millions pour la vue sur le fleuve, alors qu'en réalité c'est seulement nous qu'ils voient. Nous avons payé mille fois moins, et c'est nous qui avons la vue à un million de dollars sur Manhattan ! Pas mal, non ? »

Même si jusqu'à présent il n'avait jamais clairement formulé la chose, il tenait coûte que coûte, comme Paula, à mourir chez lui, sans acharnement thérapeutique. Aussi s'opposa-t-il bec et ongles à ses filles et à leurs bonnes intentions.

J'emmerde l'hôpital.

Mon propre père avait dit à peu près la même chose quand ma mère s'était retrouvée dans le coma à l'hôpital de Toronto. Diabétique, elle avait eu une attaque quelques jours plus tôt. Comme Edward et Paula, mes parents étaient mariés depuis des lustres, presque soixante ans de vie commune. À l'inverse d'Edward et Paula, ils étaient extrêmement réservés. Ils s'embrassaient rarement, n'échangeaient pas de cadeaux, ou peu. Il n'y avait jamais eu entre eux de franches déclarations d'amour éternel, pas plus que de cartes postales ni de lettres méthodiquement archivées dans un album. Enfant puis jeune adulte, je vitupérais contre ce que je considérais chez eux comme une absence d'affection. N'avais-je pas répété à chacun de mes maris à quel point je l'aimais ?

Aujourd'hui je mesure l'immaturité qui était la mienne au sujet du couple que formaient mes parents. J'ai fini par comprendre à quel point ils s'aimaient : durant l'année précédant la mort de ma mère, mon père, homme grincheux et bourru de soixante-dix-neuf ans, était devenu son infirmier le plus dévoué. Il lui administrait son insuline cinq fois par jour, lui piquant le doigt pour prélever la goutte de sang qu'il déposait sur la bandelette de contrôle en plastique afin de vérifier sa glycémie sur le lecteur. De son écriture précise, sur un graphique qu'il avait conçu lui-même, il enregistrait avec méticulosité la moindre fluctuation, si infime soit-elle. Charpentier et contremaître de métier, ayant tout juste terminé le lycée, mon père avait émigré au Canada au début des années cinquante avec sa boîte à outils pour seul bagage ou presque. Pourtant, le diagramme qu'il montrait aux médecins de ma mère était tellement détaillé que ces derniers avaient du mal à croire qu'un tel graphique n'était pas l'œuvre d'un professionnel de santé aguerri.

Mon père pleura lorsque ma mère mourut. Je le sais car la chose m'a été rapportée par quelqu'un qui l'avait vu essuyer discrètement ses larmes dans la chambre d'hôpital, au moment où un garçon de salle était venu emporter le corps. Je n'ai jamais vu mon père pleurer. Depuis le décès de sa femme, il va sur sa tombe tous les jours dans cet immense cimetière qui ressemble à un parc et où reposent également les chefs de gouvernement et les capitaines d'industrie du pays. La tombe de ma mère se trouve en face du mausolée de la famille Massey, une des dynasties les plus éminentes et les plus riches du Canada, et à quelques pas de William Lyon Mackenzie King, Premier ministre canadien demeuré le plus longtemps à ce poste dans l'histoire nationale.

Mon père nourrissait depuis longtemps l'ambition que tous deux soient enterrés ensemble dans ce magnifique cimetière – deux immigrés portugais qui jugeaient qu'ils avaient apporté une contribution importante à leur nouvelle patrie, même s'ils n'avaient pas exercé de mandat électif ni décroché de titres prestigieux. Leur grandeur, d'après mon père, tenait au fait qu'ils avaient embrassé leur pays d'adoption, travaillé dur et aimé leurs deux enfants et quatre petits-enfants. Le nom de ma mère ainsi que ses dates de naissance et de mort sont gravés sur la pierre tombale de granit noir, et, dessous, le nom de mon père et sa date de naissance suivie d'un trait d'union attendent en sentinelle la date de son « rendez-vous à Samarra ».

Il est rare que mon père manque sa sortie quotidienne au cimetière. Quand mon frère et moi lui parlons au téléphone, il nous annonce souvent qu'il s'apprête à rendre visite à notre mère au « parc ». Chaque fois que je suis au Canada, nous allons là-bas ensemble. Il connaît tous les gardiens par leurs noms, mais aussi celui de la femme solitaire qui vient sur la sépulture de son mari, à quelques mètres de celle de ma mère dans la même allée. Il emporte avec lui un gobelet de café et un journal à lire, s'assoupissant, certains après-midi d'été, dans sa voiture garée à côté de la stèle. Il arrache les mauvaises herbes autour du caveau au printemps, déblaie la neige en hiver.

Un matin de bonne heure, en l'accompagnant au cimetière, je le vis placer une poignée de cacahuètes nature sur la tombe de ma mère. Remarquant mon regard interrogateur, il porta son index à ses lèvres.

« Chhh », fit-il, indiquant le granit.

Je ne compris pas tout de suite, et soudain je les vis. Un cardinal, puis un geai bleu, puis des moineaux : ils voletaient au-dessus des cacahuètes éparpillées, finissant par se poser sur la dalle noire, tenant compagnie à ma mère. Plus tard, je ramassai des pommes de pin tombées des arbres et les rapportai à New York dans ma valise. Elles sont dans un panier dans ma chambre.

Lors d'une de mes rares conversations avec Edward durant les longs mois de sa maladie, je lui racontai au téléphone l'histoire de mon père. Elle le combla d'aise, mais il n'avait pas l'énergie de bavarder. Je mourais d'envie de l'aider, mais je me sentais impuissante. Et puis un soir, alors que je n'arrivais pas à me souvenir d'une de ses recettes, je lui téléphonai à nouveau.

« Rappelez-moi comment vous faisiez le soufflé au Grand Marnier... » J'espérais que parler cuisine pourrait l'aider à remonter la pente. Je me mis à l'appeler plus régulièrement. Quand il dormait, je laissais des messages sur son répondeur – des questions sur des dilemmes culinaires que lui seul pouvait résoudre.

« Edward, j'ai oublié l'astuce que vous m'aviez donnée pour les frites. Est-ce que vous pourriez me rappeler ? »

« Quel est le nom de ce restaurant de Chinatown où vous prenez votre canard ? »

Je me plais à penser que ces demandes amélioraient au moins son humeur.

« J'ai été très sensible à votre coup de fil d'aujourd'hui sur les progrès de mon état de santé, m'écrivit-il quand il commença à se sentir mieux, même si leur absence n'est pas ce dont j'aurais aimé vous faire part. À mon âge, on a plus vite fait de se trouver diminué que guéri. Mais vous m'avez permis, par votre excitation à la perspective d'un dîner galant autour d'un soufflé, d'oublier, ne serait-ce qu'un instant, mes souffrances. »

Lorsqu'il fut suffisamment rétabli pour se remettre aux fourneaux, Edward recommença à m'inviter à dîner. Mais ces soirées avaient perdu de leur magie. Il ne chantait plus en même temps que Billie Holiday ou Ella Fitzgerald. En fait, il n'y avait pas de musique dans l'appartement. Edward ne se sentant plus d'aller à pied chez son boucher ou son poissonnier de l'autre côté du Roosevelt Island Bridge dans le quartier d'Astoria, nous mangions des plats peu compliqués. Il s'aventurait rarement à Manhattan. Souvent, il n'y avait pas de dessert et, quand il y en avait, c'étaient des pâtisseries achetées par Laura à la Maison Kayser dans l'Upper East Side.

Il essaya de reprendre le dessus pour ses quatre-vingt-treize ans. Nous avions prévu un grand dîner au Balthazar, un de ses restaurants préférés de Manhattan, mais en fin de compte il déclara ne pas avoir la force de sortir de l'île. Nous célébrâmes l'événement chez lui avec un repas tout simple – des linguine à la sauce tomate et des cupcakes aux pruneaux en dessert.

« Edward va avoir quatre-vingt-treize ans ? m'étais-je étonnée auprès de Laura une semaine avant le dîner. Je croyais qu'il les avait déjà.

— Il raconte à tout le monde qu'il a quatre-vingt-treize ans et, quand il les aura, il racontera à tout le monde qu'il est dans sa quatre-vingt-quatorzième année. »

La veille d'une tempête particulièrement violente, Edward me téléphona pour annuler notre projet de dîner. Il craignait que je n'arrive pas à rallier Roosevelt Island pendant la tourmente, même si mon bureau en ville ne se trouvait qu'à quelques stations de métro de chez lui. Mais plus tard cet après-midi-là, quand la tempête s'avéra moins forte que la météo ne l'avait prédit, il appela pour reconfirmer le repas. Néanmoins, à la fin de la journée, je reçus un troisième coup de fil à mon bureau : le dîner était annulé.

Edward se répandit en excuses. « Je n'ai plus le contrôle de ma vie, m'avoua-t-il au téléphone dans un rare épanchement. Je me sens tout flageolant. Je prends peur très facilement. Je suis en train de perdre le contrôle. Je suis en train de perdre le contrôle de ma vie, je m'en rends compte. »

À la suite de ce troisième coup de fil, je décidai d'aller le voir malgré tout, pour vérifier par moi-même son état de santé. « Pas besoin de préparer à dîner, lui dis-je. On boira simplement un verre. »

J'entrai avec ma clé dans l'appartement, où je trouvai Laura qui s'affairait dans la cuisine. Edward avait préparé du flet, et il y avait dans le four de la courge poivrée saupoudrée de cassonade. Les choses semblaient revenues à la normale, mais Edward surgit vêtu d'une robe de chambre en éponge toute râpée pour annoncer qu'il allait se coucher, bien qu'il ne soit pas encore six heures du soir. Laura et moi n'avions qu'à nous amuser sans lui.

Nous n'avions d'appétit ni l'une ni l'autre. Nous restâmes dans le salon un long moment, à boire du scotch. Le mari de Laura était mort récemment. Ils étaient rentrés de Grèce lorsqu'il était tombé malade et Laura s'était occupée de lui jusqu'à la fin. Veuve depuis peu, elle dînait souvent chez son père. Elle avait passé ces quelques derniers mois à prendre soin de lui et essuyé le plus gros de sa colère et de sa frustration. Elle se mit à pleurer dès qu'elle commença à parler.

« Je ne veux pas passer le reste de ma vie à m'occuper de gens malades, dit-elle, les larmes ruisselant sur son visage. On ignore ce que c'est tant qu'on n'a pas eu à le faire. »

Le mari de Laura, à peine moins âgé qu'Edward, avait été son prof d'arts plastiques au Pirée, où elle était partie étudier, alors jeune artiste en herbe. Les murs de l'appartement d'Edward étaient couverts des œuvres de sa fille – des pastels à dominantes bleues et jaunes, évoquant la douce lumière de l'après-midi dans cette ville portuaire où son mari et elle avaient vécu des années.

Je rentrai chez moi ce soir-là assez déprimée, inquiète pour Edward, inquiète aussi pour Laura. J'avais la nostalgie de nos soirées *à deux**.

Et puis, à la longue, Edward se requinqua, et il se conduisit davantage… eh bien, davantage comme Edward. Un soir il m'invita à dîner. Laura était là elle aussi. Alors que je m'apprêtais à prendre congé, Edward m'escorta jusqu'à l'ascenseur. Nous nous attardâmes, et il leva sa canne avec autorité pour empêcher la cabine de descendre avant qu'il n'ait fini de parler.

« Nos dîners d'autrefois me manquent… quand nous étions rien que vous et moi », dit-il, comme s'il lisait dans mes pensées.

Ce soir-là, en le quittant, je me sentais soulagée, mais j'éprouvais aussi une sensation de perte. Edward avait dû remarquer ma mélancolie car le lendemain matin, avant mon réveil, il laissa sur mon répondeur le message suivant : « Je voulais juste vous appeler pour vous dire combien j'avais apprécié votre présence hier soir. Le fait que vous soyez venue, que vous soyez là, a rendu ce moment très précieux. Je regrette que nous n'ayons pas été seuls tous les deux, mais nous aurons bientôt à nouveau des dîners en tête à tête, j'espère. »

Puis, comme pour se convaincre lui-même, il ajouta : « Nous en aurons, et nous en profiterons à fond. Bonne nuit, mon petit. »

15

Canapés de chèvre et tomates séchées
Velouté de chou-fleur à l'huile de truffe
et aux cèpes réhydratés
Côte de bœuf
Pommes de terre nouvelles, haricots verts
Soufflé au Grand Marnier agrémenté de crème fraîche
Café turc
Cabernet sauvignon

Ce devait être un festin triomphal – le dîner qu'Edward concocterait pour signifier son retour parmi nous, et il avait l'intention de faire les choses en grand. Il prit le bus pour aller chez son boucher du Queens chercher une côte de bœuf qu'il avait commandée la semaine d'avant. Il s'absorba dans les préparatifs d'un dîner censé réunir les voisins et amis qui l'avaient accompagné durant sa longue maladie. Il allait inviter le vieil artiste tchèque et son épouse si belle, le couple de réfugiés albanais qui avait fui les persécutions au Monténégro, et le dentiste et sa femme. Laura serait là aussi et, comme d'habitude, il me demanda d'être son second.

J'étais impatiente de revoir Edward dans son élément, mais, quelques jours avant la date, je décidai de changer la disposition des meubles dans mon appartement, et déplaçai une de mes lourdes bibliothèques. Je n'avais pas vraiment prêté attention à la légère douleur dans mon dos, mais le lendemain je pus à peine sortir de mon lit. La souffrance était tellement atroce qu'enfiler une paire de chaussettes se révéla un supplice d'une vingtaine de minutes. Dans le cabinet du médecin, impossible de m'asseoir dans la salle d'attente : je restai debout toute raide contre le comptoir de l'accueil en attendant qu'une infirmière vienne me chercher.

La douleur était particulièrement intense lorsque j'éternuais ou que je toussais. Rire était également insoutenable, et je demeurai alitée dans diverses positions toutes plus ou moins inconfortables. Après plusieurs jours à avaler des calmants et à poser des patchs antidouleur sur la zone enflammée de mon dos, je me sentais à peine mieux. J'appelai Edward pour lui annoncer la mauvaise nouvelle : j'allais louper son grand dîner de come-back.

« Je regrette vraiment que vous ne puissiez pas venir, ma chérie. »

Je lui demandai ce qu'il avait prévu.

Une côte de bœuf avec des *haricots verts** vapeur et des pommes de terre *au jus** constituerait le fantastique plat de résistance. Il servirait également des martinis et des canapés au fromage de chèvre et aux tomates séchées en apéritif et, en dessert, un sublime soufflé au Grand Marnier relevé de zestes d'orange et couronné de crème fraîche. Mais Edward était surtout excité par la soupe qu'il avait prévue en entrée.

« Je me réjouissais tellement de vous faire goûter mon velouté de chou-fleur », me dit-il au téléphone.

Un velouté de chou-fleur ?

« Oui, avec de l'huile de truffe et des champignons réhydratés. »

L'idée d'un velouté de chou-fleur à l'huile de truffe était tout simplement irrésistible et je priai Edward de me donner la recette sur-le-champ.

« Eh bien, d'abord, vous faites revenir les oignons sans les colorer. Vous ajoutez du bouillon de poule bien concentré, et ensuite les bouquets de chou-fleur, m'expliqua-t-il. Vous les faites cuire doucement, et ensuite vous prenez un mixeur plongeant pour rendre le mélange bien homogène. » Il me précisa que le filet d'huile de truffe et les champignons reconstitués étaient ajoutés en décoration à la fin.

J'ignore pourquoi j'éprouvai subitement le besoin impérieux de faire cette soupe, toujours est-il qu'après avoir noté les instructions d'Edward je m'habillai avec beaucoup de difficulté, gobai quelques antalgiques, et me dirigeai vers le Fairway le plus proche pour acheter les ingrédients. Je passai un temps fou à évaluer les différences entre l'huile de truffe blanche et l'huile de truffe noire. N'y connaissant rien, je finis par opter pour la noire – choix malheureux, appris-je une fois rentrée chez moi quand je téléphonai à Edward.

« Qu'est-ce qui vous a pris, petite ? » m'interrogea-t-il, à la fois incrédule et amusé à l'idée que je puisse faire une erreur de jugement culinaire aussi monumentale. Il préférait la truffe blanche, selon lui plus puissante et plus odorante que la noire, avec un parfum aillé moins prononcé. Edward et moi reproduisions ici sans le vouloir la controverse grandissante qui opposait certains des plus grands chefs du monde sur la légitimité de l'huile de truffe. La plupart de ces huiles ne sont rien d'autre qu'un composé chimique où un « arôme » est ajouté à de l'huile d'olive. Edward vérifia l'étiquette de son flacon, qui indiquait que l'huile avait été élaborée avec des résidus de truffe. Il avait le bon produit. Je scrutai l'étiquette du mien. Mon huile était aromatisée. Une vague de colère m'envahit en lisant la mention : « huile d'olive, arôme ». Ainsi, non seulement je n'avais pas pris la bonne couleur de truffe mais, pire, c'était de la fausse truffe !

J'avais trop mal au dos pour retourner au Fairway, mais j'étais toujours résolue à faire mon velouté. Je passai mon début de soirée à découper les oignons et les bouquets de chou-fleur puis à faire mijoter le mélange. Comme Edward, je devais maintenant me cramponner aux plans de travail pour déambuler. Je me hissai avec précaution sur le marchepied qui me servait à attraper dans les placards les ingrédients et les ustensiles hors de ma portée. Dans mon blender, je réduisis en purée le chou-fleur et les oignons cuits. Je mis à tremper les cèpes séchés, puis je les émincai avant de les faire rissoler dans l'huile d'olive.

Je versai le potage dans trois bols, les garnis de champignons, dessinai une arabesque à la surface avec ma fausse huile de truffe noire, et en apportai deux à ma fille et à sa copine. Je mangeai le mien debout au comptoir de la cuisine. Peut-être étaient-ce les médicaments qui faisaient enfin leur effet : en le dégustant, je n'avais plus mal. Le velouté, que rehaussait la richesse musquée de l'huile de truffe et des cèpes, m'avait ragaillardie.

Un jour que nous discutions avec Rita des spécialités d'Edward que nous aimions refaire, elle avait observé : « L'inspiration peut venir à bout de bien des problèmes. » Dans le cas de Rita, c'était le soufflé d'Edward qui lui avait permis de résister durant les mauvaises passes. Dans le mien, cela devint le velouté de chou-fleur. J'aime penser qu'Edward n'était pas étranger à notre regain de bien-être.

À dire vrai, malgré le répit provisoire offert par la soupe, je n'étais pas complètement guérie. Il me fallut encore quelques semaines et, dans l'intervalle, je m'aperçus de manière indéniable que je n'avais personne sur qui compter en temps de crise. Il était évident que je ne pouvais plus faire appel à mon mari pour déplacer des meubles ou accrocher des tableaux dans mon appartement. Ce n'était pas grand-chose, certes, mais, peu après mon emménagement dans Central Park South, je constatai que je savais à peine me servir d'un tournevis. Une amie proposa de me prêter une perceuse ; je refusai, car je n'avais aucune idée du mode d'emploi et n'avais pas envie de me retrouver à l'hôpital.

Mais, pire que cela, je n'avais en réalité personne pour m'aider durant ma convalescence. Qui pour appliquer les patchs de lidocaïne sur le bas de mon dos ? Qui pour prendre soin de moi comme Paula et Edward s'étaient occupés l'un de l'autre, comme mon père avait surveillé la glycémie de ma mère et lui avait administré son insuline ? J'arrivais tout juste à me mettre en position assise, alors faire la lessive ou préparer une tasse de thé… Comment réussir à monter ou descendre l'escalier ? Qui pour m'entretenir si je ne pouvais plus travailler ?

« Je sais à quel point je suis limité dans nombre de gestes que je faisais jadis sans y penser, m'avait écrit

Edward au cours de sa propre maladie. Résultat des courses, je me sens totalement démuni. »

Je me sentais moi aussi démunie, et les paroles d'Edward tournaient dans ma tête durant mes phases de déprime. Je pensais à lui qui devait affronter seul la douleur de vieillir. Tout cela relevait de ce qu'il appelait une vie normale.

« Les gens sont trop obnubilés par la recherche d'expériences et ils ont l'impression que s'ils ne vivent pas sur le fil du rasoir, ils ne sont pas vivants, m'avait-il dit un jour. Ils ne savent pas tirer parti du quotidien : il leur faut gravir l'Everest. »

J'avais compté parmi les gens dont parlait Edward. J'avais vécu sur le fil du rasoir. Je m'étais rendue volontairement dans les endroits les plus chauds du globe, pour couvrir la guerre en Afrique ou le trafic de drogue en Amérique du Sud. Et je m'imaginais que ces expériences avaient plus de valeur que le train-train journalier. J'avais toujours vécu avec l'idée que le paradis se trouvait ailleurs. Mais Edward n'était pas dupe. Il savait que le paradis n'est pas un lieu, mais les personnes qui peuplent votre existence. Combien de fois m'avait-il répété : « Le paradis, c'était Paula et moi » ?

Quand j'allai enfin mieux, je l'appelai pour l'informer du miracle qu'avait opéré le remède de la soupe. Il n'en fut pas du tout étonné. Son grand dîner s'était bien passé, me dit-il, et je lui avais manqué. Il me confia aussi que nous avions un lien particulier parce que nous nous étions rapprochés à un moment où nous étions tous deux vulnérables. Quand Paula était morte, il s'était soudain senti vieux pour la première fois de sa vie.

« Quand vous venez dîner avec moi, nous discutons goulûment de ces problèmes auxquels nous sommes chacun confrontés », m'écrivit-il plus tard dans une lettre.

Ce soir-là, je m'installai pour lui écrire. Je lui racontai que je ne m'étais jamais trouvée handicapée de cette manière, que j'avais pris un coup de vieux et que je me sentais seule. Je lui dis qu'il m'avait sauvé la vie et qu'il resterait avec moi à jamais.

La réponse ne se fit pas attendre. Edward me téléphona juste après avoir lu ma lettre.

« Vous vous êtes sauvée toute seule. Vous y réfléchirez plus tard et vous finirez par voir la vérité de mes propos. Vous avez donné autant que vous avez reçu. »

Sa voix s'étrangla, et il m'annonça qu'il devait me laisser. « Vous avez touché le cœur d'un vieil homme. »

16

Pâté de foies de volaille, crackers
Flet pané sur lit d'épinards vapeur
Patates douces grillées
Gâteau au chocolat
Riesling

L'anniversaire de mariage d'Edward et Paula tombait début novembre. Pour fêter cette date, Edward m'invita à dîner.

Nous étions rien que tous les deux, et nous reprîmes une routine suspendue depuis longtemps. J'apportai à Edward une bouteille de vin. C'était un rosé portugais, un vin plus adapté à un repas d'été qu'au festin pré-hivernal que nous nous apprêtions à déguster. Mais je savais qu'Edward adorait ce cépage et je n'avais pu résister à l'envie de lui en prendre une bouteille quand je l'avais vue dans le magasin. Il s'empressa d'y apposer mon nom et de la stocker dans sa cave improvisée, derrière les manteaux d'hiver dans le placard de l'entrée.

Dans la cuisine, il me tendit une assiette de sa mousse de foies de volaille maison. Le pâté onctueux était sublime, avec un soupçon de cognac et de crème. Je l'étalai sur des crackers tout en regardant Edward s'affairer. Il gagna en clopinant le réfrigérateur, où il prit les deux filets de poisson qu'il avait préalablement farinés, trempés dans de l'œuf battu et roulés dans la chapelure.

Les flets grésillèrent pendant environ trois minutes. Ils grésillèrent, mais sans fumer, car Edward utilisait toujours du beurre clarifié pour ses fritures. Il en avait un petit récipient dans son frigo ; il m'expliqua qu'il faisait fondre le beurre puis attendait qu'il se solidifie pour retirer l'espèce de petit-lait qui faisait que la matière grasse fumait et brûlait. Edward ôta du feu les filets et les posa dans un plat, après quoi il essuya la poêle encore chaude avec une serviette en papier.

« Mettre dans la poêle un peu de bouillon de légumes, de poule ou de bœuf et faire revenir à feu moyen », m'écrivit-il après que je lui eus réclamé la recette de sa sauce. Il ajouta ensuite du vermouth, du thym frais haché, puis filtra la sauce au chinois avant de la reverser dans la poêle, y ajoutant du bouillon et enfin quelques gouttes de citron.

M'ordonnant de m'écarter, il sortit du four des assiettes chaudes, qu'il garnit d'épinards à la vapeur. Puis il coucha les filets fumants nappés de leur sauce citronnée sur leur lit de verdure.

Alors que nous passions à table, je m'apprêtais à lui narrer mes folles aventures de ces derniers jours, mais quelque chose me retint. Me trouverait-il ridicule ? Immature ?

« Quand avez-vous dit pour la première fois à Paula que vous l'aimiez ? » lui demandai-je plutôt.

Edward me lança un regard interrogateur, mais s'abstint de répondre à ma question par une autre question. Je l'avais trop souvent taquiné au sujet de cette manie.

« Le tout premier jour. Notre premier soir ensemble, je lui ai dit que je l'aimais. »

Il sourit et me scruta. « Quand on sait, on sait », fit-il, sifflant d'un trait le reste de son vin.

« Avais-je quelque chose à lui raconter ? » semblait dire son expression. Mais comment décrire à Edward la frénésie des semaines écoulées ? Après tout, j'étais moi-même encore en train de digérer.

Quand on sait, on sait.

J'avais su dès que je l'avais vu dans son splendide bureau du centre de Manhattan où j'étais venue l'interviewer pour un article. Il parlait avec ferveur de son travail, et je ne pouvais rien faire d'autre que fixer ses mains. Rugueuses et calleuses, elles ne concordaient pas avec cet avocat en complet gris aux cheveux poivre et sel coupés ras, assis trop droit dans cette pièce aux murs lambrissés.

Qui est donc cet homme ? me demandai-je, perplexe.

Il n'y avait aucun indice sur son identité. Pas de photos de famille encadrées sur son bureau, pas d'alliance à son doigt. Seuls les magazines *Food and Wine* entassés sur le sol et l'assortiment de bouteilles de vodka sur ses étagères offraient un aperçu de sa personnalité.

Il cuisine ! m'exclamai-je intérieurement.

Lors de notre première sortie ensemble, nous avions remonté à pied presque la moitié de Manhattan en nous tenant la main. Au moment de nous quitter, le baiser que nous avions échangé devant mon immeuble était tellement passionné que les portiers de service me mirent en boîte pendant des semaines. J'avais pénétré seule dans le hall, rouge comme une pivoine.

La première fois qu'il vint chez moi, il m'apporta quatorze sachets d'herbes aromatiques qu'il avait soigneusement triées, coupées et nettoyées. Elles venaient de son jardin ; il avait acheté récemment un bungalow façon ranch donnant sur un canal dans l'est de Long Island. Il me montra fièrement des photos des travaux qu'il venait de terminer. Je lui avais préparé le potage aux crevettes et maïs d'Edward. Les herbes me firent aussitôt penser à mon vieil ami. Et, comme mon vieil ami, je les stockai presque en totalité dans le freezer.

Mais ce fut l'ouragan Sandy qui nous rapprocha véritablement. Pendant plusieurs jours après la tempête, il me sembla être revenue en zone de guerre. New York avait subi de graves dégâts et Manhattan au sud de la 30e Rue demeura un certain temps sinistré, sans métro ni électricité. Quatre-vingt-dix pour cent de Long Island était plongé dans le noir.

Au début de la tourmente, mon petit coin de Manhattan connut un état d'urgence extrême, et, s'il n'y avait pas cette fois de sacs de sable devant le Russian Tea Room, les conséquences de la catastrophe se révélèrent tout aussi étranges. Le soir de l'ouragan, je me précipitai pour faire un reportage sur une grue qui pendait dangereusement du soixante-dixième étage d'un gratte-ciel d'habitation en construction sur la 57e Rue Ouest, juste à côté de mon appartement. Par une fenêtre de mon immeuble, j'avais vu la grue plier sous les assauts du vent et j'avais retenu mon souffle en imaginant qu'elle allait s'écraser en contrebas dans la rue. Observée de plus près, la grue se balançait, encore attachée par un câble à l'immense tour, où un penthouse venait d'être vendu à un milliardaire russe pour la modique somme de cent quinze millions de dollars.

Présentant ma carte de presse, j'essayai de me faufiler sous le ruban jaune que les pompiers de New York avaient tendu pour sécuriser la rue. Mais je ne dépassai pas l'entrée de service du New York Athletic Club à deux blocs de là. Deux flics m'ordonnèrent de ne pas bouger, et je me retrouvai au milieu d'une foule de New-Yorkais exaspérés, obligés de poireauter assis avec leurs chiens magnifiquement toilettés et leurs nécessaires de voyage. Ils avaient été évacués de leurs appartements de luxe situés directement sous la grue. Bon nombre de ces réfugiés haut de gamme avaient déjà rallié le bar du premier étage pour y boire un verre. Ceux qui erraient dans le hall n'étaient pas autorisés à monter, car les règles du club interdisaient strictement les animaux domestiques. Un homme d'un certain âge, vêtu d'un costume de tweed et d'un imperméable, se coula avec lassitude sur le siège à côté de moi, se déclarant SDF maintenant qu'il avait été délogé de son immeuble. La situation n'était que temporaire : peu après, sa femme, qui avait téléphoné au Harvard Club, dont ils étaient membres, annonça qu'elle leur avait obtenu une chambre à quatre cents dollars la nuit.

Edward pouffa quand je lui relatai cette anecdote au moment du gâteau au chocolat. Je n'avais toujours pas trouvé comment m'y prendre pour lui raconter ce qui était arrivé quelques jours plus tard. J'attendais le Hampton Jitney – le bus qui dessert les villages et hameaux des deux péninsules de Long Island –, car je voulais rejoindre la côte, la zone dangereuse dévastée par la tempête, tout au bout de l'île, où des centaines de maisons avaient été détruites, des dizaines de milliers de personnes privées d'électricité, et où on observait de longues files de véhicules à toutes les stations-service qui jalonnaient le Long Island Expressway. J'avais emporté l'essentiel – bottes en caoutchouc, provisions, bouteille de vin –, mais, une fois dans le bus, je pestai en m'apercevant que je n'avais pris ni lampe torche ni couteau suisse.

Tout ce que je savais c'était que l'avocat avait refusé de quitter son bungalow au pire de la tourmente. Par la suite, il me montra l'endroit où il avait attendu la fin de la tempête, seul face à la fenêtre de son salon dans son rocking-chair, à scruter les eaux de crue déchaînées alors qu'elles arrivaient à moins d'un mètre de la maison dans laquelle il avait emménagé quelques mois avant. À ce jour, c'est l'image qui me vient toujours à l'esprit quand je pense à lui : un cow-boy des temps modernes défendant son bien.

Le soir de mon arrivée, nous avons fait du vélo dans des rues sombres, où les ravages de l'ouragan étaient omniprésents : chaussées bloquées par des branches d'arbre, lignes électriques tombées à terre, biches apeurées par-ci par-là. Derrière leurs volets fermés, les prétentieuses résidences d'été du littoral étaient sinistrement vides, et le ciel zébré de traînées noires et anthracite.

Quand je m'étais installée à New York, j'avais rêvé des paysages de la côte est de Long Island que je n'avais vus qu'en photo, m'imaginant explorer ces langues de terre qui avançaient dans l'Atlantique. Sagaponack, Shinnecock, Quogue, Montauk… les noms étaient primitifs, purs, ancestraux, comme « le sein vert et frais d'un monde nouveau[1] » évoqué par Scott Fitzgerald. À la fin de *Gatsby le Magnifique,* Fitzgerald décrit la vue qui accueillait les marins hollandais du dix-septième siècle quand ils approchaient de la côte de Long Island. « Pendant un instant fugitif et enchanté, l'homme retint sans doute son souffle en présence de ce continent, contraint à une contemplation esthétique qu'il ne comprenait ni ne désirait, face à face pour la dernière fois dans l'histoire avec une chose qui égalait sa faculté d'émerveillement[2]. »

Le vent était calme tandis que nous marchions main dans la main le long de la plage déserte. Je ressentais l'instant fugitif et enchanté dont parlait Fitzgerald, et je retenais mon souffle en présence de ce décor et de cet homme extraordinaire.

« Il y a quelque part quelqu'un qui s'estimera heureux de vous connaître. Et, avec un peu de chance, de vous aimer. » Tels étaient les mots d'une des premières lettres d'Edward – un message tellement crucial qu'il avait fait le trajet à pied sur des trottoirs dangereusement glissants et verglacés pour le remettre au portier de mon immeuble à Roosevelt Island. Aujourd'hui ses propos me revenaient dans un flot d'émotion. Mais je devais admettre que c'était moi la chanceuse.

---

1 et 2. Traduit de l'anglais par Victor Llona, éditions Simon Kra, Paris, 1926.

Ce soir-là, après la tempête, sur cette plage plongée dans l'obscurité, il avait chuchoté en me tenant la main : « Merci de m'avoir secouru. » Je n'avais pu m'empêcher de sourire. Car, en réalité, c'était moi qui avais été sauvée.

17

Bavette grillée
Croquettes de pommes de terre
Pois gourmands sautés au beurre
Pâtisseries variées
Martini gin macéré au citron
Merlot

Je devinai qu'Edward allait faire griller des steaks avant même d'entrer. La porte était entrebâillée et, quand je pénétrai dans son appartement, un courant d'air froid me souleva les cheveux. Il avait laissé presque toutes les fenêtres ouvertes pour faire circuler l'air.

J'étais revenue à Roosevelt Island en reportage et j'avais passé la journée en planque à guetter une fonctionnaire du gouvernement devant son bureau de Main Street, situé seulement à un pâté de maisons de chez Edward. Nous avions eu un tuyau comme quoi la fonctionnaire utilisait une voiture de l'administration pour faire la navette entre son domicile à Westchester et son bureau à Roosevelt Island, et selon lequel des employés de son service consacraient leur temps de travail à promener son chien. Ce n'était pas exactement le Watergate, mais c'était le genre de gaspillage de l'argent public que le *Post* adorait dénoncer. J'étais désormais très douée pour ça.

Depuis que j'avais quitté l'île deux ans auparavant, j'y avais rarement remis les pieds de jour et n'avais donc pas constaté tous les changements qui s'y étaient opérés. La partie sud de l'île était interdite, car des équipes d'ouvriers démolissaient l'ancien complexe hospitalier pour construire à la place le nouveau campus de l'université de Cornell. L'immeuble d'Edward était devenu très prisé. Le conseil d'administration avait voté sa privatisation et les appartements avaient commencé à se vendre au prix du marché. Edward avait été choqué d'apprendre que son deux-pièces coûtait aux alentours de un million de dollars. Non qu'il ait l'intention de s'en séparer. Je savais qu'il était bien décidé à rester dans les murs jusqu'à sa mort.

De nouvelles boutiques avaient ouvert dans Main Street, parmi lesquelles un caviste, une onglerie et une épicerie bio. J'entrai dans le bar à ongles et payai une manucure-pédicure un prix exorbitant pour pouvoir m'installer en vitrine et jouir d'une vue dégagée sur le local que je devais surveiller.

Pendant que mes ongles séchaient, je sirotai le fond d'un café refroidi en contemplant diverses scènes de vie dans la rue : des enfants attendant leurs bus scolaires encombraient les trottoirs et des résidents se dirigeaient vers la promenade de l'East River vêtus de joggings stylés. En vérité, l'existence semblait tellement agréable que le photographe qui me rejoignit plus tard fut foncièrement impressionné : « Ouah, je n'aurais jamais cru que ça puisse être si sympa ici. »

Je ne fis aucun commentaire. L'île était demeurée pour moi un endroit difficile à cause des souvenirs de ma rupture et du sentiment de claustration que j'éprouvais dans mon ancien immeuble, l'Octagon.

Chaque fois que je revenais, c'était le plus souvent à la faveur de la nuit, quand j'étais invitée chez Edward.

Aujourd'hui il m'attendait pour dîner à une heure anormalement précoce et il était déjà aux fourneaux lorsque je frappai à sa porte ouverte. Je frissonnai en enlevant mon manteau. Quand Edward faisait griller du bœuf ou de l'agneau, il se servait d'une poêle en fonte qui devait impérativement être brûlante. Les appartements new-yorkais ne bénéficiant en général que d'une ventilation rudimentaire, la fumée de la cuisson déclenchait l'alarme incendie… Un vent vif s'engouffrait dans le logement par les fenêtres, créant d'énormes courants d'air, et j'avais hâte que les steaks soient cuits pour que nous puissions les refermer.

Mais Edward n'était pas pressé. Il avait fait mariner les morceaux de bavette dans du vinaigre balsamique et sorti la viande du réfrigérateur « pour la laisser reposer » avant de la mettre à griller. Dans l'intervalle, il nous préparait des martinis. Il avait placé deux verres au freezer et s'appliquait à découper le zeste d'un citron. Il l'ajouta au pichet de gin qu'il avait également fait rafraîchir et, au bout d'une dizaine de minutes, il filtra ce gin citronné avant de l'additionner de vermouth. Il remit le mélange au freezer quelques minutes, puis, avec un grand geste, versa enfin les cocktails dans les verres froids. Nous portâmes un toast à la mémoire de Paula, puis Edward goûta sa création.

« C'est le meilleur martini que j'aie bu de toute ma vie, décréta Edward avec un air de triomphe que je ne lui avais jamais vu.

— C'est vrai ? »

Edward ne m'entendit pas, il s'était retourné pour s'occuper des steaks et faire sauter au beurre les pois gourmands. Il mit ses croquettes de pommes de terre dans le four, puis disposa ces divers éléments sur les grandes assiettes blanches qu'il avait préchauffées.

Je pris une autre gorgée de mon martini puis m'excusai auprès d'Edward de ne pas l'avoir appelé pour l'anniversaire de la mort de Paula, comme promis : j'avais tout bonnement oublié l'événement.

Bien sûr, pour Edward, pas question d'oublier la signification de la date du 19 octobre. Pas question d'oublier la sérénade magique que lui avait donnée Paula avant de mourir, et la promesse qu'il lui avait faite de continuer à vivre après son départ.

« Elle était fatiguée et avait besoin de dormir. Elle a dit qu'elle allait se remettre à chanter, mais d'abord, "juste un petit somme", et elle a fermé les yeux pour la dernière fois », avait écrit Edward dans un leporello couleur crème – une carte accordéon qu'il avait fabriquée en l'honneur de Paula. Il m'en avait offert un exemplaire, dans une pochette protectrice en papier paraffiné, le jour de notre rencontre. J'ignore pourquoi je ne l'avais ouverte que plus d'un an après. Quand j'avais emménagé à Central Park South, j'avais retrouvé la carte « Au sujet de Paula » dans son enveloppe paraffinée, intacte au milieu d'autres lettres qu'Edward m'avait écrites.

Élégant, le leporello se dépliait sur plusieurs pages et contenait deux portraits de Paula : l'un où, sourire plein d'assurance aux lèvres et pendants accrochés aux oreilles, elle tend le menton à sa manière si caractéristique ; l'autre, beaucoup plus doux, montre une Paula plus contemplative.

Le laporello présentait par ailleurs divers poèmes et écrits en prose où Edward détaillait la maladie de sa femme et son ultime jour sur terre. Le dernier texte était un dialogue imaginaire entre Paula et la Mort : Paula explique à la Mort qu'elle ne peut pas mourir tant qu'elle n'est pas certaine qu'Edward va continuer à vivre.

« Je suis resté là à pleurer, en sachant que tout ce qu'elle avait en tête c'était la nécessité de me convaincre de changer d'avis. J'ai pensé à son refus de mourir tant qu'elle n'aurait pas fait tout son possible pour y parvenir », écrivit Edward. Bien sûr, il avait changé d'avis et tenu la promesse faite à sa femme.

Edward m'avait répété maintes fois qu'il était athée – j'ai dans l'idée que Paula l'était aussi –, mais tous les ans, pour l'anniversaire de la mort de Paula, il tenait à respecter la tradition juive. Il s'obligeait à veiller tard, et quand sonnait minuit, quand le 18 octobre devenait le 19, Edward allumait une bougie commémorative qui brûlait vingt-quatre heures d'affilée.

« J'aimerais bien qu'il ne la laisse pas comme ça », dit Laura quand je vins emprunter le livre à Edward le jour de l'anniversaire.

Elle avait dû arriver juste avant moi. Je jetai un coup d'œil perplexe à Laura.

« La mort de ma mère », dit-elle simplement. Sa voix trahissait sa peur et son agacement à la pensée que son vieux père était parti faire un somme en laissant la bougie allumée sur son bureau encombré de papiers.

L'appartement était en désordre. Edward avait retiré des tableaux dans le salon et, sur les murs, des rectangles fantomatiques signalaient les endroits où ils étaient accrochés auparavant. Sur le plan de travail de la cuisine, des casseroles étaient posées sur de vieux journaux. Edward avait dû entreprendre de les astiquer. Certaines présentaient encore les traînées poudreuses du produit qu'il utilisait pour le nettoyage périodique de ses ustensiles. Il les briquait toujours de manière à faire reluire leur fond en cuivre.

Je rejoignis le salon et dénichai sur une étagère le volume que je voulais emprunter, *The Force of Things : A Marriage in War and Peace*. J'avais offert ce livre à Edward pour son anniversaire, et il s'était tellement extasié dessus que je lui avais demandé de me le prêter. L'ouvrage, écrit par le rédacteur du *New Yorker* Alexander Stille, dépeint les quarante-cinq années tumultueuses du mariage de ses parents : son père, un journaliste juif russe qui s'était exilé en Italie avant de s'établir à New York, y avait rencontré sa femme américaine en 1948 à une fête en l'honneur de Truman Capote. En lisant la quatrième de couverture et en parcourant quelques pages, je n'avais pu m'empêcher de penser à Edward et Paula, et à leur relation si particulière.

Lucide sur les défauts de ses parents, Alexander Stille décrit les disputes homériques qui les opposèrent durant son enfance, mais il célèbre aussi le lien intense et durable qui les unissait, avec la guerre et l'exil pour toile de fond. « Nos vies ont un sens qui va au-delà de nos qualités individuelles, écrit-il, parce que non seulement nous appartenons à l'époque à laquelle nous vivons, mais nous la reflétons. » Cette observation trouvait un écho chez Edward, qui avait lu l'ouvrage en quelques jours. Il avait téléphoné pour me dire combien il lui avait plu, et qu'il comptait l'acheter en plusieurs exemplaires afin de l'offrir à ses amis.

Je dis à Laura qu'il valait peut-être mieux que j'écrive un mot à Edward pour l'informer de cet emprunt, mais je voulais surtout qu'il sache que j'étais passée le jour de l'anniversaire de la mort de Paula, même si ma visite était purement fortuite. Laura promit qu'elle informerait son père de mon passage ; je partis sans lui laisser de mot.

L'année précédente, aux alentours de cette date anniversaire, Edward m'avait téléphoné au bureau pour me raconter un épisode incroyable. Il s'était réveillé la veille peu après minuit pour aller aux toilettes ; remarquant une lumière dans le salon, il avait été déconcerté une seconde. Était-ce Valerie, qui lisait parfois jusqu'à une heure avancée quand elle lui rendait visite ? Mais Valerie n'était pas à New York. Était-ce Laura ? Mais pourquoi sa fille aînée viendrait-elle au milieu de la nuit ? Avait-il laissé une lampe allumée accidentellement ?

« Non, dit-il, c'était Paula. » Il avait reçu ce qu'il appelait « une visitation » de sa femme et il voulait que je le sache. « J'ai pensé que cela vous ferait plaisir », me dit-il.

Il avait raison, bien sûr. Et cela me faisait plaisir aussi qu'il m'ait téléphoné pour me le raconter. « C'est merveilleux ! m'exclamai-je. Merci, Edward. »

J'avais été profondément contrariée en m'apercevant que j'avais manqué une date aussi capitale alors qu'Edward, lui, se souvenait de toutes les journées importantes de ma vie – mon anniversaire, celui de ma fille. Il se souvenait même du jour de 2010 où, selon lui, j'avais connu une « deuxième naissance ». Le jour était facile à se rappeler, vu que c'était celui de la Saint-Valentin, mais il n'avait au demeurant absolument rien de romantique : c'était un 14 février que j'étais entrée dans un bureau juridique du centre de Manhattan pour signer la liasse de documents constituant ma demande de divorce officielle.

Il y avait peut-être une justice poétique subconsciente dans le fait de signer une demande de divorce le jour de la Saint-Valentin, mais je regrette aujourd'hui cette coïncidence. Je ne sais pas trop ce qui est pire : mon cruel mépris de la symbolique de ce jour-là ou mon absence totale de romantisme. Je suppose que cette deuxième hypothèse était la plus scandaleuse aux yeux de quelqu'un comme Edward. Peut-être, d'ailleurs, est-ce pour cette raison que la date s'est gravée dans son esprit.

À un moment donné, Edward était tellement présent dans mes pensées que je me rappelais la moindre date sans aucune difficulté : son anniversaire, son anniversaire de mariage, les anniversaires de ses filles, et même l'anniversaire de son petit-fils. Quand j'avais vu Andrew, le fils de Valerie, pour la première fois, c'était un gamin de trois ans qui accompagnait sa mère à son bureau à Toronto. Ils faisaient escale en face pour acheter des bagels, et une nounou venait le prendre pour le ramener à la maison ou le déposer à la maternelle. Andrew avait beau avoir près de trente ans, je continuais à suivre les événements marquants de sa vie par l'entremise de son grand-père et de Valerie.

Mais là, à vrai dire, je baignais dans l'euphorie de ma relation naissante. Les poches de mes manteaux cliquetaient, remplies de morceaux de verre poli ramassés au cours de nos promenades dans les Hamptons sur la plage balayée par les vents. Je n'avais pas beaucoup de temps pour mes amis ; je parlais moins à Edward et presque toujours par téléphone. Tous les vendredis, dès que j'avais bouclé mes articles, je partais pour ce village de bord de mer sur Long Island, qui servait de cadre à mon bonheur tout neuf.

Ma vie avait complètement changé depuis l'époque de mon premier dîner avec Edward. Je prenais maintenant le train tous les week-ends, bouquinant et travaillant sur mon ordi pendant le long trajet sur la ligne de Montauk alors que défilaient derrière ma vitre forêts de pins et villes côtières pittoresques. Une fois là-bas, nous roulions capote baissée même en hiver : les mains rougies et abîmées à force d'agripper un volant glacé, je n'en étais pas moins grisée par une excitante sensation de liberté.

En été, je cultivais des herbes aromatiques, des pommes de terre, des oignons, de l'ail et quelques légumes dans le jardin. Je faisais moi-même mon fromage, mes glaces et ma confiture. J'en préparais de petits bocaux avec les minuscules pommes sauvages rouge vif d'un vieil arbre qui poussait au-dessus du canal derrière la maison. La maison de l'homme que j'aimais et avec qui j'habitais désormais le week-end. Nous enchaînions les épisodes du *French Chef* de Julia Child et, lors de notre premier réveillon du Nouvel An, nous confectionnâmes sa délicate mousseline de poisson, mixant du haddock avec de la crème, du beurre et du persil dans le nouveau robot Kitchen Aid de couleur rouge que nous avions acheté la veille. Nous trinquâmes au champagne et engloutîmes un plateau d'huîtres avant d'attaquer notre mousseline d'une divine légèreté. Après la première bouchée, nous avions tous deux levé les yeux de nos assiettes pour échanger un sourire : c'était à coup sûr une des meilleures recettes que nous ayons jamais goûtées.

« Quand le pain est rompu, quand le vin est bu, ce qui s'accomplit va au-delà d'une communion des corps[1] », écrivait M.F.K. Fisher. Dégustant nos huîtres et notre mousseline de haddock, le feu ronflant dans le poêle à bois dans le silence de ce paysage marin hivernal, nous savourions avec émerveillement la chance que nous avions d'être ensemble et de partager ce repas exquis.

Alors qu'Edward et moi terminions notre dîner, un vent d'automne sifflait derrière ses fenêtres du quatorzième étage, que nous avions enfin pu refermer. Je mentirais si je disais que la cuisine ce soir-là était exceptionnelle. Le bœuf était un peu trop cuit, et les pois gourmands spongieux d'être restés trop longtemps dans la poêle. Seules les pommes de terre, croquantes à l'extérieur et fondantes à l'intérieur, étaient réussies. Edward sortit du réfrigérateur une boîte à gâteaux. Il posa sur une assiette un demi-éclair au chocolat et un cylindre rose et blanc qui ressemblait à un cheese-cake décoré d'une fraise artistiquement découpée. Je regardai Edward, qui avait d'emblée jeté son dévolu sur l'éclair entamé. Le cheese-cake m'était destiné et s'avéra décevant. Il avait séjourné trop longtemps au frigo ; il avait un vague goût de ricotta, sous des torsades de crème trop sucrée. Je le

---

1. M.F.K. Fisher, *Nos belles années d'avant-guerre, op. cit.*

mangeai quand même, accompagné de la fin de mon merlot, regrettant les desserts maison d'Edward et me demandant si je devais évoquer le message que j'avais reçu de lui quelques jours plus tôt.

Datée « Vendredi 2 h 38 du matin », cette missive répondait enfin à la lettre émue que je lui avais écrite quelques semaines auparavant. Elle disait entre autres : « Le reproche que vous me faites de ne pas mesurer la profondeur des sentiments que vous me portez dans notre amitié me contrarie, et m'attriste. »

Il poursuivait : « Il n'est pas facile d'évaluer la force qu'on consacre à établir et à entretenir des relations plus ou moins profondes. Tant qu'on est assez jeune pour que le corps produise l'énergie nécessaire pour exister, on trouve le phénomène tout naturel et on ne prend pas la peine d'analyser cette réalité. Mais laissez-moi vous dire que du haut de mon grand âge je découvre des tas de choses dont je n'avais jamais soupçonné l'existence. »

Que diable entendait-il par là ?

D'abord, il m'avoua qu'il s'en voulait de n'avoir jamais dit aux gens, de leur vivant, à quel point ils comptaient pour lui, comme moi j'avais su le faire avec lui. Il y avait des gens qui avaient changé sa vie, qui avaient eu une importance capitale pour lui, mais la plupart avaient disparu sans jamais savoir ce qu'il ressentait pour eux. Il y avait sa tante Eleanor, qui l'avait pris sous son aile quand il était adolescent et qui lui avait fait découvrir un monde de raffinement et de gastronomie ; sa tante Beatrice, qui lui avait sauvé la vie quand il avait avalé du poison, et l'avait quasiment élevé ainsi que ses frères et sœurs ;

sa mère, son père, sa prof de théâtre du lycée, qui lui avait donné l'enveloppe contenant ces fameux douze dollars pour l'aider à démarrer dans la grande ville ; son généraliste de Manhattan, qui avait pris soin de lui et de Paula pendant des décennies. Et puis il y avait Paula, bien sûr, qui avait complètement transformé son existence.

« Je suis sûre qu'ils savaient, dis-je. Paula savait. »

Mais Edward ne fut pas convaincu, et semblait encore perdu dans ses pensées quand il m'escorta jusqu'à l'ascenseur. Plus tard, il appela pour me remercier de la bouteille de vin que je lui avais apportée. Il s'agissait de mon rosé portugais coutumier, qu'il avait comme d'habitude étiqueté et rangé dans le placard de l'entrée. Je lui conseillai de ne pas m'attendre et de le déboucher la prochaine fois qu'il aurait quelqu'un à dîner.

« Je ne peux plus attendre personne à l'heure qu'il est, déclara-t-il sans détour.

— Que voulez-vous dire ? » demandai-je, subitement alarmée.

Il s'esclaffa.

« Dieu seul le sait. »

18

Le Dernier Souper

Edward me fit jurer le secret sur ce qu'il surnommait en plaisantant la Cène ou le Dernier Souper.

Il voulait organiser un grand dîner. Il rallongerait sa table avec les abattants en bois afin d'accueillir tous ses invités, qui seraient un mélange de personnes âgées qu'il connaissait depuis longtemps, mais aussi de gens nouveaux qu'il n'avait jamais reçus chez lui.

Ce dîner débuterait par un apéritif dans le salon, où il servirait ses martinis gin très citronnés et ses savoureux canapés – de fines rondelles de baguette grillée, tartinées de sa fameuse mousse de foies de volaille au cognac.

Ensuite, à table, il comptait servir de petits bols de soupe aux palourdes, faite avec de la crème épaisse, des pommes de terre et des palourdes fraîches de Long Island achetées chez son poissonnier d'Astoria. Il ferait lentement braiser une épaule de porc, qu'il découperait en tranches minces et accompagnerait de pruneaux. Il ferait cuire au four de la courge, avec un soupçon de cassonade et une noix de beurre. En dessert, des soufflés à l'abricot individuels et du café turc. Il y aurait du jazz en fond sonore ; peut-être Ella Fitzgerald ou Ute Lemper chantant Kurt Weill dans son allemand si expressif. Peut-être même Thelonious Monk.

Mais alors qu'Edward rêvait aux préparatifs de son dîner, je trouvais que ce projet ressemblait trop à un baroud d'honneur. Peu après ses quatre-vingt-quatorze ans, il avait envoyé une lettre à son cercle d'amis pour remercier chacun de ses vœux d'anniversaire, dans laquelle il réfléchissait à son âge avancé.

« Quand les gens apprennent mon âge véritable, le scepticisme que je rencontre commence à devenir comique, écrivait-il. Mais si les dieux ont fait une erreur, qu'est-ce que j'y peux ? » Il attribuait son énergie juvénile à l'amour persistant de Paula : « La chanson "Younger Than Springtime" était son mantra et, étant si proche d'elle, je ne pouvais qu'être contaminé. »

Même si je n'avais pas connu Paula, j'avais moi aussi été touchée par l'histoire d'amour enchantée de leur couple. Pour emprunter à cette chanson de Rodgers et Hammerstein qu'elle aimait tant, je sentais moi aussi, pendant mes dîners avec Edward, mon cœur prendre des forces, et aujourd'hui, des années plus tard, je tenais tout un monde dans mon étreinte. Je m'interdisais d'envisager que ce bonheur puisse se terminer un jour. Mais, évidemment, il se terminerait.

« La vie n'est pas stationnaire, poursuivait-il dans sa lettre. Je deviens très vieux malgré mon apparence trompeuse. »

Je ne voulais pas y croire. Et je ne voulais pas de cet ultime repas avec Edward, de ce dernier souper. Après avoir reçu sa lettre, je me refusai à parler du dîner ou à m'engager sur une quelconque date. Puis j'eus une inspiration : c'est moi qui ferais la cuisine et Edward serait mon invité. Ce serait le dîner idéal, la preuve reconnaissante de tout ce que j'avais appris de lui. J'inviterais des gens qu'il connaissait et d'autres qu'il ne connaissait pas.

Edward fit semblant de résister mais, lorsque je vins lui soumettre mon idée, je vis qu'il était intrigué.

J'avais débarqué à l'improviste. C'était l'heure de l'apéritif et Edward s'activa à nous préparer à boire et à mettre dans un ravier des noix de cajou. Pour moi, il mélangea du gin citronné glacé et du vermouth dans un verre à martini. Il se versa du whisky canadien, auquel il ajouta de la glace. Il fit tourner le liquide ambré, entrechoquant les glaçons avant de prendre la parole.

Il me dit qu'il se félicitait que j'aie surgi dans sa vie juste après la mort de Paula, quand il avait un si grand besoin d'attention et d'affection. « Alors que Laura vivait encore en Grèce et que Valerie était à Toronto, nous avons noué des liens après dîner. Nous nous sommes apporté mutuellement le courage de continuer nos vies. Chacun donnait et recevait autant que l'autre durant cette période, et cette réciprocité a été cruciale pour vous comme pour moi », dit-il.

Edward m'avait nourrie bien autrement qu'en m'offrant à manger. Certes, il avait élaboré de magnifiques festins et parfois des menus tout simples, mais, si je me souviens encore si nettement de chaque repas, c'est parce que le moindre dîner avec lui, comme l'écrivait M.F.K. Fisher, me « permettait d'affronter vraiment les fringales de notre univers[1] ».

Soudain, il reposa son whisky sur la table et m'empoigna le bras. Ses yeux bleu-gris étincelants étaient remplis de larmes. « Personne ne sait à quel point nous nous aimons, dit-il.

— Bien sûr que si, Edward, répliquai-je, tout à coup très émue.

— Non, insista-t-il. Personne ne le sait parce que je ne l'ai jamais dit à personne. »

Je bus une gorgée de mon martini pour me retenir de pleurer.

Je sentais que la boucle était à présent bouclée pour Edward et moi, et je me souvins de ce que j'avais inscrit sur la carte que je lui avais envoyée pour son anniversaire. Distraite, je l'avais adressée au mauvais appartement, mais elle avait comme par magie atterri dans sa boîte le jour voulu. « Puissiez-vous avoir encore autant d'années que vous le désirez, avais-je écrit. Et sachez que pour moi vous vivez déjà pour toujours. »

Les larmes roulaient maintenant sur mes joues. Mon verre de martini était vide : je m'en emparai et me rendis dans la cuisine pour qu'Edward ne s'aperçoive de rien. Je déplaçai quelques assiettes dans l'évier en attendant de me ressaisir, puis revins dans le salon, où Edward finissait tranquillement son whisky, contemplant les lumières chatoyantes de Manhattan et essuyant ses propres larmes avec une mini-serviette en papier.

---

1. M.F.K. Fisher, *Nos belles années d'avant-guerre, op. cit.*

« Alors, vous viendrez à mon dîner, Edward ? » demandai-je, ma voix se brisant malgré tous mes efforts.

Il sourit. Avais-je décelé chez lui un infime hochement de tête ?

« Surtout, ne divulguez pas mon secret pour le martini, mon chou », dit-il.

Jamais de la vie !

Je lui serrai la main très fort et nous nous dirigeâmes vers l'ascenseur. Comme d'habitude, il tint la porte ouverte avec sa canne. Il s'apprêtait à dire quelque chose. Peut-être voulait-il m'indiquer où acheter le meilleur café turc, où me procurer les palourdes les plus fraîches pour la soupe, ou me rappeler de bien faire mariner le porc dans le cidre. Deux jours, c'était le mieux, précisait-il chaque fois. À moins qu'il n'ait eu un dernier enseignement plein de sagesse à me communiquer.

Mais pas question de l'écouter. J'avais beaucoup à faire avant notre prochain dîner.

« Sept heures, dis-je. Je compte sur vous. »

Composition et mise en pages
Nord Compo à Villeneuve-d'Ascq

MIXTE
Papier issu de
sources responsables
FSC™ C003309

Cet ouvrage a été achevé d'imprimer en mars 2018
dans les ateliers de Normandie Roto Impression s.a.s.
61250 Lonrai
N° d'impression : 1800792

Imprimé en France